Descubra Juegos Gratis Online

Disponibles Aquí:

BestActivityBooks.com/FREEGAMES

5 CONSEJOS PARA EMPEZAR

1) CÓMO RESOLVER LAS SOPA DE LETRAS

Los rompecabezas tienen un formato clásico:

- Las palabras se ocultan sin espacios ni guiones,...
- Orientación: Las palabras pueden escribirse hacia delante, hacia atrás, hacia arriba, hacia abajo o en diagonal (pueden estar invertidas).
- Las palabras pueden superponerse o cruzarse.

2) APRENDIZAJE ACTIVO

Junto a cada palabra hay un espacio para anotar la traducción. Para fomentar un aprendizaje activo, un **DICCIONARIO** al final de esta edición te permitirá comprobar y ampliar tus conocimientos. Busca y anota las traducciones, encuéntralas en el puzzle y añádelas a tu vocabulario!

3) MARCAR LAS PALABRAS

Puedes inventar tu propio sistema de marcado. ¿Quizás ya usas uno? También puedes, por ejemplo, marcar las palabras difíciles de encontrar con una cruz, las que te gustan con una estrella, las nuevas con un triángulo, las raras con un diamante, etc.

4) ESTRUCTURAR EL APRENDIZAJE

Esta edición ofrece un **CUADERNO DE NOTAS** muy práctico al final del libro. En vacaciones, de viaje o en casa, podrás organizar fácilmente tus nuevos conocimientos sin necesidad de un segundo cuaderno!

5) ¿HABÉIS TERMINADO TODAS LAS PARRILLAS?

En las últimas páginas de este libro, en la sección **DESAFÍO FINAL**, encontrarás un juego gratis!

¡Rápido y sencillo! Echa un vistazo a nuestra colección de libros de actividades para tu próximo momento de diversión y aprendizaje, ¡a sólo un clic de distancia!

Encuentre su próximo reto en:

BestActivityBooks.com/MiProximoLibro

En sus marcas, listos, ¡Ya!

¿Sabías que hay unas 7.000 lenguas diferentes en el mundo? Las palabras son preciosas.

Nos encantan los idiomas y hemos trabajado duro para crear libros de la más alta calidad para tí. ¿Nuestros ingredientes?

Una selección de temas adecuados para el aprendizaje, tres buenas porciones de entretenimiento, y luego añadimos una cucharada de palabras difíciles y una pizca de palabras raras. Los servimos con cariño y máxima diversión para que puedas resolver los mejores juegos de palabras y te diviertas aprendiendo!

Tu opinión es esencial. Puedes participar activamente en el éxito de este libro dejándonos un comentario. Nos encantaría saber qué es lo que más le ha gustado de esta edición.

Aquí hay un enlace rápido a tu página de pedidos:

BestBooksActivity.com/Opiniones50

Gracias por tu ayuda y diviértete!

Todo el equipo

1 - Agua

```
O  K  Q  G  S  U  O  Z  G  X  Y  X  E  M  S  K
N  G  I  N  N  S  J  Ø  Y  L  H  J  Y  G  I  Y
E  T  F  E  L  V  V  N  U  S  N  O  M  O  L  F
U  C  T  O  D  Q  W  S  F  P  Z  J  H  Z  H  F
J  H  M  J  R  I  S  Y  E  G  I  T  K  U  F  U
T  G  K  V  A  D  V  A  N  N  I  N  G  U  U  K
U  X  Z  H  C  L  A  N  A  K  R  M  O  D  F  T
U  L  B  U  A  N  P  M  M  Z  U  R  L  N  O  I
A  A  P  T  P  V  O  Y  P  M  A  D  A  W  O  G
D  U  S  J  T  Å  V  M  O  N  N  E  J  G  H  H
P  J  Z  K  N  Q  L  K  Z  P  I  O  I  Y  S  E
G  U  I  T  R  F  I  G  A  X  X  N  Z  N  Z  T
R  E  G  L  Ø  B  W  O  I  S  S  A  G  U  Z  S
V  E  G  S  G  E  F  Q  J  S  G  K  G  P  X  O
H  D  G  Z  W  B  X  S  I  N  X  R  U  K  V  R
R  D  O  N  K  C  U  Z  E  B  V  O  Q  N  X  F
```

KANAL	FLOM
DUSJ	INNSJØ
GJENNOMVÅT	REGN
FORDAMPNING	MONSUN
GEYSIR	SNØ
FROST	HAV
IS	BØLGER
FUKTIGHET	VANNING
ORKAN	ELV
FUKTIG	DAMP

2 - Arqueología

```
M  G  Z  R  R  G  I  V  A  F  G  U  U  N  F  S
Y  G  N  E  E  H  R  Y  D  S  N  K  Q  W  O  I
S  D  G  L  M  D  R  A  S  X  A  J  F  P  S  V
T  V  O  I  M  T  Y  S  V  M  H  E  B  G  S  I
E  Z  V  K  O  M  T  S  G  G  V  N  C  L  I  L
R  U  U  V  K  T  E  M  P  E  L  T  I  E  L  I
I  W  R  I  R  O  S  S  E  F  O  R  P  M  T  S
U  N  D  E  E  L  Y  L  N  E  K  K  I  T  N  A
M  C  E  Y  T  A  L  M  Å  R  E  Z  G  C  V  S
G  C  R  C  T  K  A  C  T  R  E  P  S  K  E  J
S  J  I  V  E  P  N  Y  F  E  Æ  R  A  K  J  O
G  T  N  A  P  E  A  J  J  K  B  A  C  O  D  N
H  M  G  Y  C  Q  C  O  T  S  D  E  K  X  I  V
O  B  J  E  K  T  E  R  E  R  V  I  I  W  V  P
J  A  J  A  V  A  F  E  A  O  R  Q  U  N  F  R
I  V  S  O  F  Z  U  S  M  F  P  T  I  T  W  Q
```

ANALYSE	FOSSILT
ANTIKKEN	BEIN
ÅR	FORSKER
SIVILISASJON	MYSTERIUM
ETTERKOMMER	OBJEKTER
UKJENT	GLEMT
TEAM	PROFESSOR
ÆRA	RELIKVIE
VURDERING	TEMPEL
EKSPERT	GRAV

3 - Granja #2

```
L  F  I  V  Y  E  J  P  C  K  D  N  A  A  D  M
X  H  V  E  R  Y  N  E  F  F  Y  E  F  H  D  Y
V  A  N  N  I  N  G  G  Y  B  R  I  J  V  X  Y
B  Y  H  W  Y  G  E  L  A  M  A  C  Q  E  R  H
K  I  T  Y  Z  K  P  N  U  T  I  V  D  T  A  M
Y  A  K  V  R  J  A  P  G  M  A  W  X  E  S  A
M  N  U  U  B  D  F  R  U  K  T  H  A  G  E  L
D  P  R  E  B  E  E  D  R  H  C  M  J  Z  J  R
I  M  F  Y  I  E  H  N  P  P  J  U  K  J  B  D
G  C  W  X  E  B  M  S  A  S  L  Q  F  O  A  T
F  O  K  O  R  N  G  Y  E  X  Å  V  U  I  J  R
K  Z  K  B  O  N  D  E  N  O  V  F  I  R  Q  A
Z  T  W  P  X  U  M  E  L  K  E  I  S  V  S  K
G  R  Ø  N  N  S  A  K  M  M  C  Q  A  L  M  T
O  T  P  E  F  U  N  B  T  E  Y  C  U  F  X  O
Q  G  G  R  U  J  Z  F  N  D  T  T  U  L  R  R
```

BONDE	LAMA
DYR	KORN
BYGG	SAU
BIKUBE	HYRDE
MAT	AND
LAM	ENG
FRUKT	VANNING
LÅVE	TRAKTOR
FRUKTHAGE	HVETE
MELK	GRØNNSAK

4 - La Empresa

```
M U L I G H E T S N M Q T I N E
E N H E T E R W Y L P G E D O J
W F K R O U T P S G X C H D J L
U R Q D U K B K S V E P M X S M
F R A M G A N G E S G L O B A L
K P R Z X O K K L V I I S I T A
W R R I S K S J S J N N K N N W
Y Z E O S F I U E K N D R N E R
E G J A D I I I T V T U I O S Y
S N Y O T U K J T A E S V V E K
N U D R E I K O I L K T V A R T
G B Q V P F V T N I T R U T P E
T R E N D E R Q G T E I J I W W
R E S S U R S E R E R C O V C C
L E V K I G N I N T U L S E B V
J F P R O F E S J O N E L L H O
```

KVALITET	PRESENTASJON
KREATIV	PRODUKT
BESLUTNING	PROFESJONELL
SYSSELSETTING	FRAMGANG
GLOBAL	RESSURSER
INDUSTRI	RYKTE
INNTEKTER	RISIKO
INNOVATIV	TRENDER
VIRKSOMHET	ENHETER
MULIGHET	

5 - Aviones

```
N  G  I  S  E  D  V  V  Q  S  B  B  S  G  L  S
S  A  K  O  N  S  T  R  U  K  S  J  O  N  A  A
B  E  V  Q  G  Y  F  A  N  D  J  K  J  O  N  S
C  M  M  I  I  J  U  J  E  B  X  O  F  L  D  B
P  P  X  M  G  C  L  E  M  M  I  H  N  L  I  R
N  R  I  W  E  E  E  V  E  N  T  Y  R  A  N  H
T  O  O  L  K  V  R  H  Ø  Y  D  E  L  B  G  G
A  T  P  P  O  B  P  E  H  Y  D  R  O  G  E  N
T  O  A  T  E  T  B  R  E  N  S  E  L  Y  S  I
M  M  S  O  I  L  T  U  R  B  U  L  E  N  S  N
O  A  S  T  R  L  L  M  A  N  N  S  K  A  P  T
S  Z  A  F  O  M  D  E  X  U  N  Q  T  W  L  E
F  E  S  H  T  S  U  W  R  K  R  K  S  K  V  R
Æ  C  J  T  S  D  T  R  I  Q  N  W  F  S  M  N
R  B  E  K  I  X  R  E  Q  F  W  K  S  R  V  J
E  P  R  Y  H  H  C  Z  D  S  U  N  E  A  Y  P
```

LUFT	BALLONG
HØYDE	PROPELLER
LANDING	HYDROGEN
ATMOSFÆRE	HISTORIE
EVENTYR	MOTOR
HIMMEL	NAVIGERE
BRENSEL	PASSASJER
KONSTRUKSJON	PILOT
RETNING	MANNSKAP
DESIGN	TURBULENS

6 - Tipos de Cabello

```
Q  X  G  A  Y  D  F  K  U  K  G  S  K  H  C  V
G  R  Å  H  T  E  R  P  B  F  O  A  M  H  P  C
P  R  L  U  W  Z  W  D  L  L  E  R  Z  M  S  B
R  Ø  C  Q  A  I  Z  D  O  E  Z  Y  T  I  V  H
D  T  E  L  L  A  K  S  N  T  I  V  E  F  T  K
I  B  K  F  R  S  K  T  D  T  J  D  T  Q  T  Y
K  Y  R  K  Q  V  K  R  D  E  W  F  T  K  Y  J
L  S  Ø  L  V  A  Y  W  Ø  R  F  M  E  R  N  S
Q  N  Z  N  G  R  T  Y  D  L  F  E  L  Ø  N  K
N  L  Q  X  G  T  D  X  O  I  L  T  F  L  F  I
B  U  A  A  V  T  T  T  X  W  W  E  V  L  S  N
J  R  T  N  D  N  V  E  H  U  N  G  R  E  O  N
P  C  O  W  G  D  B  B  P  L  M  L  H  T  E  E
M  Y  K  W  E  S  R  T  J  C  Y  Ø  R  R  Y  N
N  A  F  G  Y  Q  U  I  O  H  L  B  Y  P  K  D
B  Z  N  I  F  C  N  N  U  S  B  N  Q  T  S  E
```

HVIT	BØLGETE
SKINNENDE	SØLV
SKALLET	KRØLLET
KORT	KRØLLER
TYNN	BLOND
GRÅ	SUNN
TYKK	TØRR
LANG	MYK
BRUN	FLETTET
SVART	FLETTER

7 - Ciencia Ficción

```
R  F  S  X  S  E  K  S  P  L  O  S  J  O  N  T
O  B  A  P  M  Z  U  T  P  N  N  G  H  Y  E  E
B  S  R  N  O  J  S  U  L  L  I  B  U  U  D  K
O  X  E  A  T  T  W  X  C  F  K  Y  U  F  R  N
T  J  A  R  N  A  G  A  L  A  X  Y  I  U  E  O
E  P  F  I  Z  N  S  O  S  A  T  O  M  T  V  L
R  J  O  G  K  S  I  T  S  Y  M  U  L  U  I  O
Q  V  V  E  L  L  T  L  I  B  N  N  I  R  L  G
Q  Z  Z  H  B  Z  B  B  Z  S  H  S  P  I  I  I
R  E  A  L  I  S  T  I  S  K  K  B  O  S  E  O
B  E  A  F  Y  N  X  Y  T  L  Z  Ø  T  T  K  A
D  R  H  Q  J  P  L  A  N  E  T  K  U  I  S  A
T  R  L  I  V  E  G  S  E  K  N  E  T  S  T  H
A  K  X  Y  E  Q  R  L  Z  A  H  R  B  K  R  I
P  Y  O  J  D  X  X  N  R  R  K  E  K  L  E  S
H  Q  G  W  M  T  A  L  O  O  X  X  J  E  M  T
```

ATOM
KINO
FJERN
EKSPLOSJON
EKSTREM
FANTASTISK
BRANN
FUTURISTISK
GALAXY
ILLUSJON

INNBILT
BØKER
MYSTISK
VERDEN
ORAKEL
PLANET
REALISTISK
ROBOTER
TEKNOLOGI
UTOPI

8 - Granja #1

```
B  S  S  B  H  G  I  I  F  V  V  R  H  V  Z  F
I  F  G  F  W  B  G  S  N  V  H  T  H  G  O  B
P  O  D  X  Q  H  W  G  O  J  Ø  G  E  I  T  F
D  C  T  Z  Q  U  X  B  Z  B  Y  V  D  S  L  C
A  H  C  A  V  N  A  I  K  A  L  V  R  M  E  M
E  P  B  O  Q  D  K  E  H  Y  O  W  E  C  F  K
T  S  E  H  L  U  U  Q  F  A  V  H  J  G  M  F
T  I  E  D  M  I  R  J  E  V  A  R  G  P  C  C
A  R  X  L  O  Z  B  T  R  H  N  X  J  G  L  I
K  H  I  G  J  Ø  D  S  E  L  N  Z  O  F  S  Y
R  N  O  G  R  J  N  F  Q  G  U  A  V  Q  D  B
Å  K  U  N  K  H  A  R  O  P  N  B  L  R  I  T
K  L  O  G  N  I  L  L  Y  K  F  R  Ø  A  B  H
E  G  A  P  R  I  E  B  P  K  X  J  H  P  Y  D
N  G  M  N  K  M  N  O  S  L  B  E  N  E  Q  E
X  M  N  T  D  F  E  G  X  N  B  U  L  Y  N  W
```

BIE	KATT
LANDBRUK	HØY
VANN	HONNING
RIS	HUND
ESEL	KYLLING
HEST	FRØ
GEIT	KALV
FELT	LAND
KRÅKE	KU
GJØDSEL	GJERDE

9 - Camping

```
J  Z  Q  C  Z  L  R  K  M  H  H  R  K  E  S  X
J  E  N  A  T  U  R  Y  D  R  E  T  G  V  A  U
Y  D  N  U  C  I  Y  R  Z  E  Æ  R  T  E  H  L
F  R  A  T  E  D  D  G  Z  A  U  R  L  N  E  I
O  H  R  S  D  S  S  K  O  G  X  E  T  T  Y  H
H  Z  B  T  A  A  S  S  M  K  T  P  A  Y  W  J
Y  E  A  Y  T  K  A  K  Å  A  G  Z  U  R  R  Z
H  F  N  R  O  A  P  O  N  H  A  T  T  B  H  A
A  E  M  G  I  R  M  K  E  G  P  J  X  G  M  D
K  Ø  T  L  E  T  O  R  A  T  S  A  P  Q  D  O
F  J  E  L  L  K  K  S  X  N  Z  K  B  F  Y  V
M  S  D  A  Z  E  Ø  C  P  S  O  T  D  K  X  A
Q  N  N  D  I  B  J  Y  I  N  S  E  K  T  D  P
H  N  P  G  V  U  V  A  E  I  S  K  P  L  H  Z
I  I  Y  X  H  K  C  U  X  S  D  G  Y  L  P  K
J  C  X  K  D  B  W  T  Y  V  A  E  E  W  H  O
```

DYR	UTSTYR
EVENTYR	BRANN
TRÆR	HENGEKØYE
SKOG	INSEKT
KOMPASS	INNSJØ
HYTTE	MÅNE
KANO	KART
TELT	FJELL
JAKT	NATUR
TAU	HATT

10 - Fruta

```
J  K  I  Z  A  N  P  T  S  A  N  A  N  A  M  I
N  E  C  H  P  P  H  P  O  I  Q  H  A  V  E  U
W  J  J  H  V  C  G  N  K  L  T  P  D  A  L  W
J  S  P  D  O  V  G  S  I  P  S  R  T  U  O  Z
B  N  I  R  Æ  B  E  S  R  I  K  Æ  O  G  N  P
B  A  Q  S  M  I  Y  F  P  B  N  B  G  N  Z  O
D  R  N  L  V  W  F  E  A  W  O  F  N  A  B  U
R  O  I  A  L  N  H  R  Y  I  J  F  A  P  X  P
U  I  R  N  N  H  L  S  A  A  L  V  M  M  B  I
E  E  A  Y  G  L  V  K  P  A  V  O  K  A  D  O
K  K  T  B  N  E  U  E  A  F  G  Y  U  D  P  G
V  D  K  Z  G  L  B  N  P  K  R  H  D  H  Æ  U
A  J  E  E  A  P  I  Æ  P  I  R  O  A  R  R  J
Q  I  N  R  P  E  G  H  R  W  R  Q  U  D  E  H
K  O  K  O  S  N  Ø  T  T  I  G  Z  E  Q  T  E
Q  C  L  O  P  Q  I  M  Q  B  E  G  V  O  Y  M
```

AVOKADO	EPLE
APRIKOS	FERSKEN
BÆR	MELON
KIRSEBÆR	ORANSJE
KOKOSNØTT	NEKTARIN
BRINGEBÆR	PAPAYA
GUAVA	PÆRE
KIWI	ANANAS
SITRON	BANAN
MANGO	DRUE

11 - Geología

```
S T A L A K T I T T F G U T V C
D O F O I L C E Y M F E Z B J R
L A V A I S Y R E R Q Y I B U Y
I Å K O N T I N E N T S N R R S
K T V T I L L A R O K I O S A T
L A V L E A K O B A T R A T C A
A L L I T S O V E R O S J O N L
G P E S S R E L A R E N I M P B
O W J S I F J N S R T D Y P R H
A H K O T U N A I M T V S G T C
D I S F C N M D Z S D S G T V G
B V D S T A L A G M I T T E R N
A Q R N L K X H U L E C S E L S
W B O K I L R V I M X P M E P S
F C J Y K U N Q K R E B I G J X
D Y O M D V O S C D G W Z K T J
```

SYRE
KALSIUM
LAG
HULE
KONTINENT
KORALL
CRYSTAL
KVARTS
EROSJON
STALAKTITT

STALAGMITTER
FOSSILT
GEYSIR
LAVA
PLATÅ
MINERALER
STEIN
SALT
JORDSKJELV
VULKAN

12 - Álgebra

```
D W I E L Ø S N I N G T J U R L
R N A K S L A F D L P Q D A J I
N O J S K A R T B U S F Q L O G
I Z F P V Q K M A T R I S E H N
Q Q O O P M E N G D E L T K M I
D F R N R X V N O J S I V I D N
X B M E O M A P B K E N M T G G
F D E N B B R K C N T E O J I U
E A L T L B I N A W N Æ C O M F
F C K W E E A T U W E R L N H C
E F G T M K B D B V R A E H V M
Z S M X O D E Q O M A R G A I D
K F N R O R L Y R M P S M M U N
P Q D L C U E N D E L I G P D P
F O R E N K L E N U M M E R K O
K T R N U L L W B R Ø K D E L K
```

MENGDE	UENDELIG
NULL	LINEÆR
DIAGRAM	MATRISE
DIVISJON	NUMMER
LIGNING	PARENTES
EKSPONENT	PROBLEM
FAKTOR	SUBTRAKSJON
FALSK	FORENKLE
FORMEL	LØSNING
BRØKDEL	VARIABEL

13 - Plantas

```
B  V  G  C  R  B  Q  N  S  H  V  L  H  H  Z  J
V  Ø  A  P  O  O  O  V  N  N  E  K  A  A  Q  O
A  J  N  A  T  T  D  V  F  U  G  G  O  K  S  Z
C  H  U  N  O  A  Y  J  S  G  E  J  E  F  Ø  Y
Y  Y  A  R  E  N  H  A  G  E  T  Ø  I  M  Y  W
L  K  P  W  W  I  P  X  D  V  A  D  A  L  B  D
D  Q  F  M  D  K  Z  H  A  X  S  S  U  W  D  O
C  F  X  O  G  K  Y  Z  L  C  J  E  E  A  G  F
O  W  A  S  U  B  M  A  B  S  O  L  Q  T  M  J
Z  X  F  E  B  U  S  K  N  U  N  F  E  M  X  W
X  Q  N  T  O  I  U  I  O  T  U  K  V  X  V  K
T  B  V  T  Z  G  I  F  R  K  R  E  V  V  Ø  L
F  L  O  R  A  H  R  T  K  A  Æ  E  N  L  Z  K
L  I  L  N  F  H  Y  E  A  K  B  G  Q  X  O  H
W  Q  M  Y  X  N  L  X  S  B  L  O  M  S  T  Y
X  R  I  N  J  G  G  J  W  S  H  U  T  I  A  T
```

BUSK	LØVVERK
TRE	BØNNE
BAMBUS	EFØY
BÆR	GRESS
SKOG	BLAD
BOTANIKK	HAGE
KAKTUS	MOSE
GJØDSEL	KRONBLAD
BLOMST	ROT
FLORA	VEGETASJON

14 - Suministros de Arte

```
K N H A A R E M A K T C M L Q P
C T I J L K Q P J D W P Y H L F
W E I L G X V B W Q P X U Z O J
A T F R Q V S A B L Y A N T E R
V I S K E L Æ R R E E D I N F E
X V M D U G I I I E J M T D F U
X I A Z F Q R P O R L B L E K K
E T N G J X X A X I O L L W H G
H A B Z C W J P F E C N E X V D
Y E M S T A F F E L I F C R N S
V R I A E Y J T A A R N W E E T
G K L A B O R D N F I I T L O
X L K Q L I A K R Y L H X S E L
O E U Z S B N N A V D Y S R D U
O Y L E G G H G E F M J G Ø E W
P A L N E B L H D U X S N B J K
```

OLJE
AKRYL
AKVARELLER
VANN
LEIRE
VISKELÆR
STAFFELI
KULL
KAMERA
BØRSTER

FARGER
KREATIVITET
IDEER
BLYANTER
BORD
PAPIR
LIM
MALING
STOL
BLEKK

15 - Negocio

```
F A B R I K K K I T U B G O Y J
S B U E Y V R K A D J J S F L O
C R W T I N V E S T E R I N G B
V E H T S Q Z M D T T A B A R B
F V I A Z T O W N A V N T Q L U
A I K K M H C C T S F R T I X C
P G N S L Y D T O N P Y E M Y K
X S M A T R A N S A K S J O N O
V D F X N K U K P L N G S N K N
Z I X Y G S L E B E B E D O A T
P E S E L S K A P J N P U K R O
Y B F X A F H Q R M R G B Ø R R
K R A J S Y V A L U T A E O I Q
B A S V D A Z T D P R Y E R E P
H A N D E L S V A R E R R R K R T
K O S T E H K F R S O M F Q E L
```

KARRIERE
KOSTE
RABATT
PENGER
ØKONOMI
ANSATT
ARBEIDSGIVER
SELSKAP
FABRIKK
FINANS

SKATTER
INVESTERING
HANDELSVARER
VALUTA
KONTOR
BUDSJETT
BUTIKK
JOBB
TRANSAKSJON
SALG

16 - Jardín

```
H  X  F  L  S  H  P  Y  X  L  G  E  X  Y  M  Q
T  E  N  I  L  O  P  M  A  R  T  R  K  V  B  J
E  D  N  E  K  A  R  Z  V  E  Y  F  E  G  A  H
R  A  G  G  B  D  S  S  F  O  C  C  E  S  E  Q
R  P  C  N  E  L  P  N  O  V  X  H  W  D  S  A
A  S  K  A  Q  K  O  P  W  S  D  I  F  K  J  J
S  L  R  L  T  S  Ø  M  W  E  V  K  R  Z  J  E
S  E  N  S  W  U  B  Y  S  L  E  R  U  F  B  H
E  H  X  H  V  B  B  J  E  T  R  S  K  N  E  B
D  E  S  M  W  T  F  E  R  R  A  F  T  R  V  G
G  A  R  A  S  J  E  H  I  Z  N  O  H  J  P  L
J  O  R  D  T  E  O  S  Z  Q  D  B  A  S  X  P
G  J  E  R  D  E  R  U  M  R  A  B  G  Y  N  J
I  F  T  R  E  V  D  C  K  W  S  S  E  R  G  U
R  M  W  N  Z  U  G  P  V  R  P  D  A  A  E  X
L  S  T  I  B  X  Z  Y  M  F  X  L  O  R  S  Z
```

BUSK
TRE
BENK
PLEN
DAM
BLOMST
GARASJE
HENGEKØYE
GRESS
FRUKTHAGE

HAGE
UGRESS
SLANGE
SPADE
VERANDA
RAKE
JORD
TERRASSE
TRAMPOLINE
GJERDE

17 - Países #2

```
D P Ø T J L E C Y K V I G V I U
A B S P J T Y P K B N R I N N K
N G T W O C I X E M A L K T D R
M X E H U R I M A D N A G U O A
A Q R T Q X T F O T J N S E N I
R P R H K L C U E W N D V D E N
K A I N A B L A G J A P A N S A
G D K B D X T J F A T N N P I I
A T E M F Z E E S A L L E H A L
J A M A I C A L Z U Q J Z K I A
R U S S L A N D Z S D Z G J P R
F R A N K R I K E X Y A X I O T
P A K I S T A N S L L R N X I S
N R N W D Z D B E Y A W I R T U
Z P B M J V S F S U O O H A E A
W I N J E R C U G E S Z V S E O
```

ALBANIA
AUSTRALIA
ØSTERRIKE
DANMARK
ETIOPIA
FRANKRIKE
HELLAS
INDONESIA
IRLAND
JAMAICA

JAPAN
LAOS
MEXICO
PAKISTAN
PORTUGAL
RUSSLAND
SYRIA
SUDAN
UKRAINA
UGANDA

18 - Números

```
G B D S R Q V X P Q D C T Y T T
W G E K H N I T T E N N I Y J Z
P T S Z O Y E G B R E Z W G U D
O F I X R G Y I T I N F I E C
Q U M U H X B J M F R T I J M O
Y F A L J C G Q I O O T D T W B
L C L U S U N W B Q J K H X U C
V T R F Y N E F F O F S E H M T
E M I I N E T M E F B C G Z W I
A N Å S Y T T E N M S K P K W S
I Q D T I S E B E A M H S O D C
I R U R T K R H T N U L L Y S S
B S U G E E T D T R E Y M K V E
T T K U C S B F A B P R F K L K
T O L V T Q V S X B Q O M X T S
D T B H C I X P B Q L Z E G N I
```

FJORTEN   TOLV
NULL   TO
FEM   NI
FIRE   ÅTTE
DESIMAL   FEMTEN
NITTEN   SEKS
ATTEN   SYV
SEKSTEN   TRETTEN
SYTTEN   TRE
TI   TJUE

19 - Física

```
P A R T I K K E L M X W K A F C
A K S E L E R A S J O N J Q R A
K A O S E Z O A T O M B E P E K
M T E H G I T S A H V T M J K Y
G A N L J U O G Z Z X Y I P V M
U I S H K G M A Y G S A S I E E
I N V S Q Q J Z W Z Y Y K K N K
O N I F E M S I T E N G A M S A
Y A T V O G A S S O Z X Z K T N
G D Q U E R V A R I A B E L X I
C P C J S R M U O M E U Z Z R K
W W T A C R S E I E N X T H L K
N U K L E Æ R E L K K A U P W K
T E T T H E T K L Y K E L O M O
E L E K T R O N L L F K D Z B S
T Y N G D E K R A F T Y P J A R
```

AKSELERASJON
ATOM
KAOS
TETTHET
ELEKTRON
FORMEL
FREKVENS
GASS
TYNGDEKRAFT
MAGNETISME

MASSE
MEKANIKK
MOLEKYL
MOTOR
NUKLEÆR
PARTIKKEL
KJEMISK
UNIVERSELL
VARIABEL
HASTIGHET

20 - Belleza

```
A  M  Q  I  Q  E  U  J  M  Y  M  R  V  S  K  X
D  U  F  T  F  I  T  S  E  P  P  E  L  M  O  U
L  P  U  N  E  G  O  T  O  F  L  L  F  I  S  J
S  R  T  A  S  O  N  P  U  F  N  L  Z  N  M  M
W  C  P  G  N  S  P  K  V  E  A  Ø  O  K  E  L
D  E  T  E  A  A  R  M  G  C  H  R  L  E  T  L
U  T  X  L  G  K  O  L  A  C  U  K  G  H  I  U
L  D  L  E  E  S  D  S  E  S  D  V  J  E  K  D
H  G  Y  D  L  W  U  Y  A  Y  C  Q  F  R  K  F
I  T  G  Å  E  B  K  I  E  R  T  A  F  M  E  S
O  Y  O  N  O  Y  T  E  L  J  G  F  R  R  A  T
P  L  S  Q  W  U  E  O  S  C  J  L  X  A  C  Y
M  I  J  P  E  L  R  E  T  S  E  N  E  J  T  L
A  E  N  E  B  E  Q  H  N  U  T  V  M  S  L  I
J  P  O  I  R  V  L  N  K  R  W  R  K  M  I  S
S  S  B  W  F  Z  B  H  B  W  D  H  K  H  S  T
```

OLJER	DUFT
SJAMPO	NÅDE
FARGE	SMINKE
KOSMETIKK	HUD
ELEGANSE	LEPPESTIFT
ELEGANT	PRODUKTER
SJARM	KRØLLER
SPEIL	MASCARA
STYLIST	TJENESTER
FOTOGEN	SAKS

21 - Países #1

```
D L H X B A R G E N T I N A P D
L C O R K E I D B F L B X M R E
I X N P D G L N I C O C T A X N
B T D O I R A G D B L A Q N M E
Y R U L Y O Z Q I I K H H A N N
A O R E F N V Y Z A A G M P E I
D O A N D T Y S K L A N D A R P
X Y S J A B R V N O J V H F L P
C A N A D A Y E I A B G I Y U I
E C U A D O R N C A B R A S I L
N G A I J K S E A T T M I Z O I
Z D Z L T K F Z R Z R B N J C F
R P O A P O X U A T J V A I S C
N J B T V R A E G Q K C P X F I
J T E I Z A B L U O G O S W H A
H F A O O M Q A A E G Y P T R P
```

TYSKLAND   INDIA
ARGENTINA   ITALIA
BELGIA   LIBYA
BRASIL   MALI
CANADA   MAROKKO
ECUADOR   NICARAGUA
EGYPT   NORGE
SPANIA   PANAMA
FILIPPINENE   POLEN
HONDURAS   VENEZUELA

22 - Mitología

```
I  Q  T  N  D  L  A  S  M  Z  D  F  D  A  W  G
I  P  E  J  L  F  R  K  W  O  K  Z  J  F  A  S
Y  K  O  E  H  A  K  A  I  J  N  S  O  C  B  T
T  L  E  H  V  K  E  P  T  Y  Y  S  T  L  N  Y
K  O  T  S  T  M  T  E  U  Z  L  O  T  L  P  R
A  U  R  T  C  R  Y  L  H  V  T  P  L  E  D  K
T  D  U  D  N  O  P  S  F  C  M  P  E  M  R  E
A  Ø  T  I  E  G  E  E  D  X  E  F  G  M  Y  R
S  D  L  T  D  N  H  E  V  N  L  Ø  E  I  L  F
T  E  U  H  G  I  L  E  D  Ø  D  R  N  H  A  V
R  L  K  Z  P  N  R  H  H  O  U  S  D  W  B  M
O  I  V  X  X  P  N  T  D  I  V  E  E  J  Y  N
F  G  D  F  Y  A  T  D  Y  E  P  L  M  Q  R  L
E  H  G  B  D  K  U  R  K  R  I  G  E  R  I  M
S  E  Q  L  A  S  X  W  O  Y  C  W  W  F  N  A
Y  T  S  J  A  L  U  S  I  U  X  W  N  Y  T  E
```

ARKETYPE	KRIGER
SJALUSI	HELT
HIMMEL	UDØDELIGHET
OPPFØRSEL	LABYRINT
SKAPELSE	LEGENDE
TRO	MONSTER
SKAPNING	DØDELIG
KULTUR	LYN
KATASTROFE	TORDEN
STYRKE	HEVN

23 - Ecología

```
Z N O J S A T E G E V F P M O B
E A A M D A A H A T D A J A V Æ
G T R A A C M H A U E U E R E R
F U X U K L I F Z B S N O I R E
P R E T N A L P U R I A X N L K
D L L E J F K W N N V T G E E R
X I A D A Z K L J E N I A P V A
O G J M R U R L K K U Z N T E F
K M G L M N A T U R M Y R W L T
R E S S U R S E R Ø G T T S S I
S R C L P R C E C T S L C W E G
F R I V I L L I G E F X O M E J
M A N G F O L D R Q L B R B Q X
F E K Y O I N B T S O B S U A M
D B T P E R J E O N R V W V Q L
Q T G B O L Y A S H A O T Q F R
```

KLIMA
SAMFUNN
MANGFOLD
ART
FAUNA
FLORA
GLOBAL
HABITAT
MARINE
FJELL

NATURLIG
NATUR
MYR
PLANTER
RESSURSER
TØRKE
BÆREKRAFTIG
OVERLEVELSE
VEGETASJON
FRIVILLIGE

24 - Casa

```
V V I R T F O L K Q T A K L Q B
K I G G E V L U G J E P P A I I
S N W D P W C G T T E W B M V B
A D D H P P E I S R F L I P O L
N U Z U E M O Q O P A M L E O I
R N F E S R G F K F Y T U E J O
W N I Z A J A P G M U T O O R T
Y O V B M A R F M O E W C C Y E
K H J E F R A L N R Q N D O A K
J N O S Z M S E N E K K Ø J K G
H A G E A U J D A V S X R K U J
M S E J D Y E U R O P T P Q D E
D E V L K P Z N K S E R B D B R
X U M O A C T S F O I R M X G D
F N S Z X H H V A O L I S Z G E
F S F T J X P A C I U Y C P Z Y
```

TEPPE
LOFT
BIBLIOTEK
PEIS
KJØKKEN
SOVEROM
DUSJ
KOST
SPEIL
GARASJE

KRAN
HAGE
LAMPE
VEGG
GULV
DØR
KJELLER
TAK
GJERDE
VINDU

25 - Artes Visuales

```
B  K  S  K  O  V  F  S  O  R  H  F  L  D  O  Q
X  U  Y  F  E  K  J  I  T  G  T  O  Y  G  P  O
L  E  I  R  E  R  R  K  L  O  W  T  V  S  N  I
W  D  N  K  L  O  A  I  J  M  K  O  G  T  J  V
C  M  J  U  O  B  L  M  T  M  S  G  N  N  E  P
W  K  A  L  V  D  N  W  I  T  A  R  O  A  Q  O
M  Z  M  N  U  P  D  O  V  K  K  A  L  Y  X  A
A  R  T  I  S  T  A  L  X  S  K  F  B  L  T  D
V  I  T  K  E  P  S  R  E  P  Z  I  A  B  N  A
N  Q  E  I  L  E  F  F  A  T  S  W  J  G  K  Z
Q  E  R  R  U  T  P  L  U  K  S  S  S  M  O  J
E  T  T  E  T  I  V  I  T  A  E  R  K  X  P  A
G  A  R  L  N  I  M  E  S  T  E  R  V  E  R  K
Z  I  O  A  R  K  I  T  E  K  T  U  R  L  Z  A
G  U  P  M  F  G  Y  A  L  Y  N  G  Z  Q  P  Y
S  A  M  M  E  N  S  E  T  N  I  N  G  R  P  I
```

LEIRE
ARKITEKTUR
ARTIST
LAKK
STAFFELI
VOKS
KERAMIKK
SAMMENSETNING
KREATIVITET
SKULPTUR

FOTOGRAFI
BLYANT
MESTERVERK
FILM
PERSPEKTIV
MALERI
SJABLONG
PENN
PORTRETT
KRITT

26 - Salud y Bienestar #2

```
C E N D G U R Y G T S M Q F I B
S N I M A T I V V F Y A F O Y W
W E E E G A O V Z L K S B R M L
N R H H N N L H V L E S L D F K
G G F K I A C Y D F H A E Ø W E
E I Y E R T E G S O U S G Y N D
N N U S E O R I U T S J O E O I
E Y V D R M N E E K R E S L J E
T T V V D I Æ N A E F E G S D T
I D Z D Y A R E S V C Z S E O T
K O F D H E I G R E L L A S K U
K J R S E C N T T I T E P P A A
U U X N D R G I G H J Z K N L S
S Y K D O M F S O P M E G J O D
J W I S L W W J W B L X W Q R L
F I H N B F N O J S K E F N I K
```

ALLERGI	GENETIKK
ANATOMI	HYGIENE
APPETITT	SYKEHUS
KALORI	INFEKSJON
DEHYDRERING	MASSASJE
DIETT	ERNÆRING
FORDØYELSE	VEKT
ENERGI	SUNN
SYKDOM	BLOD
STRESS	VITAMIN

27 - Selva Tropical

```
U  B  P  E  S  W  J  Y  M  S  R  U  F  Z  F  J
P  O  P  T  R  W  W  N  X  A  M  I  L  K  U  A
N  T  E  N  N  U  F  M  A  S  N  O  V  S  G  K
H  A  C  D  R  H  C  B  G  C  E  G  I  A  L  Y
G  N  I  R  E  R  U  A  T  S  E  R  F  B  E  W
N  I  J  E  S  P  A  T  T  E  D  Y  R  O  R  P
I  S  U  R  O  X  T  I  L  F  L  U  K  T  L  M
R  K  N  R  M  A  M  F  I  B  I  E  R  M  X  D
A  N  G  U  E  S  L  E  V  E  L  R  E  V  O  Z
V  F  E  T  O  T  U  R  F  O  L  K  T  P  O  W
E  D  L  A  N  S  K  Y  E  R  G  O  N  P  X  M
B  T  O  N  I  T  K  E  P  S  E  R  Z  A  K  Q
P  Z  I  O  X  Y  A  C  S  M  M  J  F  Q  R  F
Q  J  I  P  O  M  O  U  L  N  I  P  B  M  A  T
N  V  I  N  Y  H  L  L  U  F  I  D  R  E  V  F
L  F  G  G  Q  Z  C  T  T  X  J  R  M  R  P  S
```

AMFIBIER	NATUR
BOTANISK	SKYER
KLIMA	FUGLER
SAMFUNNET	BEVARING
MANGFOLD	TILFLUKT
ART	RESPEKT
URFOLK	RESTAURERING
INSEKTER	JUNGEL
PATTEDYR	OVERLEVELSE
MOSE	VERDIFULL

28 - Adjetivos #1

```
S S Y M W V I T K A X Z H G P D
N L L U F I D R E V M V J A E W
L L T W L K S I T O S K E B R D
M Ø R K F T A G I U Z Z N S F P
R O N H C I S T F R N T R O E B
O E S O V G N U T L Y T E L K A
N B N G E N S H Y R N I D U T J
E F B I N U Z I B D A K O T W F
S I Z L M A Y B O G X K M T Z R
G J Y R A B L H G H G O T N Q S
S I E Æ T J A J R Z A B B I V A
E O V N U A R O M A T I S K V Y
R O D I E F Q X O Z S W R U E I
I P F U S R A M B I S I Ø S J V
Ø K L X W W Ø Z J U L A Z P L L
S S T O R O V S U S K Y L D I G
```

ABSOLUTT
AKTIV
AMBISIØS
AROMATISK
ATTRAKTIV
ENORM
EKSOTISK
SJENERØS
STOR
ÆRLIG

VIKTIG
USKYLDIG
UNG
LANGSOM
MODERNE
MØRK
PERFEKT
TUNG
SERIØS
VERDIFULL

29 - Familia

```
B V U S V A Y A B X C T F R L W
D A B R O R T E A Y P Z F E C T
P C R E T T E F R A F M A T S J
L T L N R A B M N N A M E T K E
B D D D D H N Y E S E I N W R R
F J Y P V O K V B F Q Q A Y O M
B A U Z D H M F A S Ø S T E R O
Y J D A N J L A R Y Z X T D H R
B K O E G Q Q R N L D J G A K X
X E C K R B E S T E M O R T O E
J T S C F L H Z Q K U S Z T N X
A N V T R T I A E N D C V E E K
I A N J E I L G M O R S Z R Q V
Z T E S F F S F O Y S S A P A K
P X V I J N A B R G J V N L K W
K W Ø T W S K R O Y A P P R H L
```

BESTEMOR	MORS
BESTEFAR	BARNEBARN
STAMFAR	BARN
KONE	FAR
SØSTER	FADERLIG
BROR	FETTER
DATTER	NIESE
BARNDOM	NEVØ
MOR	TANTE
EKTEMANN	ONKEL

30 - Disciplinas Científicas

```
P  M  R  M  B  I  G  O  L  O  R  V  E  N  I  B
P  E  P  J  E  I  P  E  D  C  O  O  C  P  L  T
K  K  I  N  A  T  O  B  O  L  A  K  P  S  N  E
M  A  K  M  S  T  E  K  Z  L  T  T  E  Y  A  R
I  N  V  T  H  Q  K  O  J  Q  O  Z  U  K  R  M
N  I  G  O  L  O  K  Ø  R  E  X  G  D  O  K  O
E  K  U  C  T  B  X  F  X  O  M  S  I  L  E  D
R  K  W  B  I  O  L  O  G  I  L  I  E  O  O  Y
A  Z  P  B  G  K  X  H  L  F  J  O  U  G  L  N
L  O  I  M  O  N  O  R  T  S  A  P  G  I  O  A
O  O  M  K  L  E  F  C  T  F  C  K  G  I  G  M
G  L  O  J  O  F  Y  S  I  O  L  O  G  I  I  I
I  O  T  E  I  I  M  M  U  N  O  L  O  G  I  K
B  G  A  M  S  Y  P  X  U  H  M  T  M  N  N  K
W  I  N  I  O  L  I  N  G  V  I  S  T  I  K  K
E  N  A  T  S  Q  X  H  A  S  N  R  M  I  W  S
```

ANATOMI
ARKEOLOGI
ASTRONOMI
BIOLOGI
BIOKJEMI
BOTANIKK
ØKOLOGI
FYSIOLOGI
GEOLOGI
IMMUNOLOGI

LINGVISTIKK
MEKANIKK
METEOROLOGI
MINERALOGI
NEVROLOGI
PSYKOLOGI
KJEMI
SOSIOLOGI
TERMODYNAMIKK
ZOOLOGI

31 - Cocina

```
O H X S S K W X M O B U E V S E
K P H E F K R K B W O U U I I P
N F P Q A J J Y G H L D M P H E
I V J S Q A R E D T L V J P L G
V L K C K N O H E D E K K U R K
E L E J K R N T F R E P P O K S
R H N F W E I T Q D M R M B X V
C U C A Y N V F F O R K L E L A
M U G G E N V O T Ø S E S L S M
N Y B V C I W D A G A F L E R P
A U K X C P Q U M J V Q X S S Q
H B O V X E K J Ø L E S K A P J
E D D Y Y S R K I S X Y Q X W M
D F W A Q I F R Y S E R D E L P
U W K B Q P S E R V I E T T I Z
A P V P H S G R I L L E E C T J
```

KJELE
MAT
FRYSER
SKJEER
ØSE
KNIVER
FORKLE
KRYDDER
SVAMP
OVN

MUGGE
SPISEPINNER
GRILLE
OPPSKRIFT
KJØLESKAP
SERVIETT
KRUKKE
KOPPER
BOLLE
GAFLER

32 - Moda

```
U D M F T F H E P O T Z I N G E
S N Y K L T S Y K S I T K A R P
B E T R E K I T S I F O S R E F
I R H Æ T N A K I T M W I M L G
Y T R L C E Z Y T L O Y Q T E L
M M E K N D L G S A D P D X G H
G Ø D J F E H F I N E W N M A B
R L N F G J T N L I R S J S N M
T R O S N K U E A G N D R E T S
P J L V T S Y Z M I E T S N B E
S J B J Q E X B I R U T S K E T
V G E D C B R V N O A T S E L U
B R O D E R I E I Y K K T L K G
W R E G N I L Å M V R K O H H L
K N A P P E R B D Y G V F A A J
R E B O U T I Q U E J E F P W A
```

BRODERI
KNAPPER
BOUTIQUE
DYRT
ELEGANT
BLONDER
STIL
MÅLINGER
MINIMALISTISK
MODERNE

BESKJEDEN
ORIGINAL
MØNSTER
PRAKTISK
KLÆR
ENKEL
SOFISTIKERT
STOFF
TREND
TEKSTUR

33 - Electricidad

```
S  K  S  B  P  I  F  R  R  Z  D  R  N  Z  O  K
K  E  P  T  K  Z  K  Y  O  O  K  D  E  X  E  I
R  O  O  K  I  R  E  T  T  A  B  L  T  F  L  M
T  X  S  O  A  K  W  I  A  R  M  E  T  D  E  Z
D  M  I  Q  B  B  K  R  R  P  U  Z  V  J  K  I
M  P  T  T  V  L  E  O  E  Q  E  K  E  E  T  G
A  K  I  I  D  Q  R  L  N  W  P  Q  R  B  R  R
G  D  V  E  O  Z  F  X  E  T  M  P  K  Q  I  G
N  T  M  R  G  E  Y  R  G  J  A  B  Æ  J  S  Y
E  R  R  E  G  N  I  N  D  E  L  K  W  R  K  H
T  A  B  T  L  A  S  E  R  Y  T  S  T  U  E  E
E  L  E  K  T  R  I  K  E  R  J  U  G  I  B  D
L  D  N  E  G  A  T  I  V  L  A  G  R  I  N  G
S  R  V  J  E  Z  I  A  W  V  E  R  E  J  U  N
J  V  E  B  T  E  L  E  F  O  N  O  O  E  B  E
V  G  O  O  W  H  D  Z  E  E  J  V  U  F  U  M
```

LAGRING	GENERATOR
BATTERI	MAGNET
PÆRE	LAMPE
KABEL	LASER
LEDNINGER	NEGATIV
MENGDE	OBJEKTER
ELEKTRIKER	POSITIV
ELEKTRISK	NETTVERK
STIKKONTAKT	TV
UTSTYR	TELEFON

34 - Salud y Bienestar #1

```
B  A  K  T  E  R  I  E  Q  G  D  Z  M  M  A  A
B  R  U  D  D  O  H  T  H  Q  F  K  E  U  X  F
Q  S  T  W  W  Y  Q  C  S  U  L  T  D  S  H  R
B  E  H  A  N  D  L  I  N  G  C  X  I  K  P  P
W  N  O  L  I  O  G  N  C  O  A  C  S  L  A  D
J  A  R  E  N  O  M  R  O  H  H  B  I  E  V  H
M  V  N  G  C  U  X  D  W  J  T  U  N  R  S  O
Y  N  L  E  T  E  R  A  P  I  J  W  D  V  L  L
A  D  U  D  T  N  I  T  U  O  X  L  S  P  A  D
V  D  Y  Y  R  V  I  R  U  S  V  I  F  X  P  N
A  C  O  Ø  N  G  A  N  S  X  Q  J  K  L  N  I
G  P  T  H  B  D  D  K  K  I  N  I  L  K  I  N
G  R  O  D  V  F  D  Y  T  C  Z  L  B  F  N  G
F  W  X  T  H  L  N  M  J  I  J  N  E  B  G  A
F  E  X  Z  E  Q  A  V  C  D  V  W  I  P  K  U
L  G  M  O  S  K  E  L  F  E  R  Q  N  I  R  O
```

AKTIV	BEIN
HØYDE	MEDISIN
BAKTERIE	MUSKLER
KLINIKK	HUD
LEGE	HOLDNING
APOTEK	REFLEKS
BRUDD	AVSLAPNING
SULT	TERAPI
VANE	BEHANDLING
HORMONER	VIRUS

35 - Adjetivos #2

```
P  I  S  R  V  B  X  Z  L  W  D  Y  T  S  B  S
R  A  N  S  R  W  R  G  B  N  B  O  Z  T  E  P
O  G  V  T  L  A  S  R  Y  T  V  W  G  O  R  I
D  I  N  B  E  N  K  R  Y  D  R  E  T  L  Ø  S
U  J  C  P  D  R  A  Ø  N  A  G  F  E  T  M  E
K  R  Y  X  N  J  E  T  N  L  S  T  E  Q  T  L
T  N  T  S  E  Z  D  S  U  A  L  G  L  A  A  I
I  Q  Y  U  V  L  R  E  S  R  F  N  H  G  C  G
V  P  T  W  I  A  A  J  L  A  L  A  M  R  O  N
H  X  Q  J  R  I  M  U  F  E  N  I  O  Q  P  F
M  F  G  B  K  I  A  Y  O  W  G  T  G  N  F  U
G  O  V  P  S  G  T  V  V  Q  X  A  U  G  E  K
U  H  T  J  E  G  I  L  R  A  V  S  N  A  R  L
H  M  R  I  B  Z  S  T  R  Ø  T  T  G  T  S  K
S  T  E  R  K  M  K  K  R  E  A  T  I  V  K  U
K  O  T  D  G  W  L  K  K  E  B  H  O  S  G  Y
```

TRØTT	NATURLIG
SPISELIG	NORMAL
KREATIV	NY
BESKRIVENDE	STOLT
DRAMATISK	KRYDRET
ELEGANT	PRODUKTIV
BERØMT	ANSVARLIG
FERSK	SALT
STERK	SUNN
INTERESSANT	TØRR

36 - Cuerpo Humano

```
L  N  N  X  A  Ø  E  R  S  K  D  U  H  V  J  E
H  O  D  E  L  Y  B  H  J  E  R  N  E  S  E  N
R  A  O  K  B  E  O  J  G  T  E  N  Å  L  G  A
F  V  S  A  U  B  L  O  D  R  G  U  K  H  N  Y
J  B  T  H  E  E  L  K  H  E  N  M  Y  J  U  G
S  K  U  L  D  E  R  N  P  J  I  R  F  Z  T  X
L  D  C  V  X  V  C  E  C  H  F  X  H  P  K  F
A  U  F  X  R  O  R  Y  A  P  K  G  U  H  I  Y
H  D  M  N  X  K  B  C  N  T  Q  D  T  U  S  G
M  N  J  S  Q  E  U  F  K  Q  X  Z  P  O  N  X
F  M  Q  Ø  H  B  J  U  E  N  N  X  Q  N  A  Q
J  T  D  X  R  K  E  J  L  B  M  V  H  D  H  S
D  U  E  B  N  E  R  I  S  N  J  L  J  W  K  P
W  K  X  R  X  E  A  R  N  L  T  W  Y  I  B  G
O  I  U  G  X  C  A  I  O  D  R  Y  D  W  R  U
X  A  H  B  C  M  A  L  M  S  T  T  I  O  S  M
```

HAKE	TUNGE
MUNN	HÅND
HODE	NESE
ANSIKT	ØYE
HJERNE	ØRE
ALBUE	HUD
HJERTE	BEIN
HALS	KNE
FINGER	BLOD
SKULDER	ANKEL

37 - Calentamiento Global

```
L  F  D  R  E  K  S  R  O  F  H  G  A  T  I  R
O  L  F  M  E  S  I  R  K  S  Q  G  N  E  N  G
V  Q  S  G  N  G  X  R  G  V  Y  S  R  M  T  P
G  T  L  I  E  V  J  U  P  B  D  F  H  P  E  F
I  U  V  L  Y  N  Q  E  M  T  N  W  R  E  R  K
V  Y  Y  E  D  Q  E  X  R  I  Å  U  E  R  N  O
N  Y  M  D  J  V  V  R  U  I  L  U  Z  A  A  N
I  A  T  Y  Z  J  R  Q  A  Z  N  J  Q  T  S  S
N  D  I  T  M  E  R  F  S  S  A  G  Ø  U  J  E
G  K  P  E  E  N  E  R  G  I  J  Y  Q  R  O  K
J  L  I  B  N  D  A  N  G  O  A  O  U  E  N  V
Z  I  U  T  V  I  K  L  I  N  G  H  N  R  A  E
E  M  I  N  D  U  S  T  R  I  Q  W  Z  E  L  N
K  A  T  A  D  Q  N  R  U  Q  J  V  U  Z  R  S
O  P  P  M  E  R  K  S  O  M  H  E  T  M  S  E
A  R  K  T  I  S  K  F  Q  Z  V  K  A  W  T  R
```

NÅ	ENERGI
MILJØ	FREMTID
OPPMERKSOMHET	GASS
ARKTISK	GENERASJONER
FORSKER	REGJERING
KLIMA	INDUSTRI
KONSEKVENSER	INTERNASJONAL
KRISE	LOVGIVNING
DATA	BETYDELIG
UTVIKLING	TEMPERATURER

38 - Ciencia

```
E X M U T K A F J F S E U W Q J
V R W D F J M G G Y I F Z R T T
O T W F A L W I C S M U Y Y J Y
L Y D V R T N E M I R E P S K E
U D I V K N B K U K U R Y A Q M
S P T B E L G J I K T A T O M I
J I L O D V U E R O A M I L K N
O X I A G Y J M O Z N H M P O E
N S S U N Q L I T H B Y O A R R
I O S W Y T R S A S X P L R G A
W T O J T C E K R O G O E T A L
B I F R E K S R O F F T K I N E
U P D Y I A B K B T Z E Y K I R
M E T O D E A O A E Z S L L S N
P U E U B M X C L K D E E E M V
L N D W H D A T A I L N R R E Y
```

ATOM
FORSKER
KLIMA
DATA
EVOLUSJON
EKSPERIMENT
FYSIKK
FOSSILT
TYNGDEKRAFT
FAKTUM

HYPOTESE
LABORATORIUM
METODE
MINERALER
MOLEKYLER
NATUR
ORGANISME
PARTIKLER
PLANTER
KJEMISK

39 - Restaurante #2

```
Y  G  J  C  P  L  O  T  S  E  J  K  S  G  D  Y
L  H  N  T  R  E  N  L  E  K  G  D  Z  O  W  F
M  W  S  E  J  F  M  P  D  A  J  Z  X  Z  G  P
L  T  O  P  O  F  I  J  T  K  U  S  U  T  U  Z
W  L  K  T  G  A  C  S  I  V  L  O  W  Y  F  F
H  X  J  L  S  G  Z  N  K  S  A  L  T  B  T  K
R  P  J  F  E  P  P  U  S  A  Q  Y  K  O  C  R
H  Y  P  O  H  O  D  L  L  J  U  L  U  B  C  I
U  E  V  W  Z  V  V  K  Q  T  T  E  R  R  O  F
X  V  U  M  M  I  D  D  A  G  G  E  F  E  D  J
C  P  J  W  U  N  T  U  S  A  L  A  T  D  E  I
E  P  X  K  M  X  P  R  J  K  B  V  Q  D  I  J
B  Q  J  K  C  G  W  G  D  O  G  A  O  Y  L  G
R  W  L  X  X  A  W  T  W  L  A  N  I  R  I  X
V  D  H  N  B  L  Z  R  B  Z  V  N  B  K  G  T
G  R  Ø  N  N  S  A  K  E  R  D  R  I  K  K  O
```

VANN	FRUKT
LUNSJ	IS
FORRETT	EGG
DRIKK	KAKE
KELNER	FISK
MIDDAG	SALT
SKJE	STOL
DEILIG	SUPPE
SALAT	GAFFEL
KRYDDER	GRØNNSAKER

40 - Profesiones #1

```
K B P H L Q Y G Z U N X W R K R
G A A T N J H F U Q G R O P S Ø
R F R N S I C Q M X N Æ N T Z R
E E Ø T K M C K W D A N S E R L
G B D C O I X W I D G I J L E E
E R A A T G E F P T O R A T K G
J A S P K R R R R B L E A A I G
A N S X U T M A P C O T Y Y S E
S N A D D F Ø T F K K E A B U R
T M B H J I U R H N Y V D Q M X
R A M C V P I A N I S T V D R W
O N A T R E N E R E P K O E D Q
N N H O P G O L O E G A K S Z U
O U G K H E L Z O A Z Q A P X F
M W T G U L L S M E D Y T I B S
S Y K E P L E I E R J Q M L J M
```

ADVOKAT	AMBASSADØR
ASTRONOM	SYKEPLEIER
ATLET	TRENER
DANSER	RØRLEGGER
BANKIER	GEOLOG
BRANNMANN	GULLSMED
KARTOGRAF	MUSIKER
JEGER	PIANIST
LEGE	PSYKOLOG
REDAKTØR	VETERINÆR

41 - Vehículos

```
I  A  K  C  A  H  Y  L  P  Z  W  G  L  P  Q  C
H  T  H  K  M  Z  E  I  P  S  S  Y  E  S  I  Y
Z  F  L  Y  B  G  C  L  V  O  M  F  E  R  J  E
J  E  L  Z  U  L  R  I  I  A  N  D  I  P  D  D
V  P  K  S  L  N  W  B  M  K  R  L  R  B  I  S
B  Å  T  Y  A  H  E  A  C  L  O  E  D  E  K  K
D  D  A  K  N  S  I  Z  K  A  T  P  B  K  Y  I
Q  F  S  K  S  F  V  C  A  S  P  K  T  I  C  K
R  Z  I  E  E  B  U  S  S  T  L  M  T  E  L  F
L  B  V  L  U  F  G  V  Y  E  A  I  E  J  R  G
F  T  R  A  K  T  O  R  T  B  E  A  K  D  Y  R
A  Q  K  O  W  P  T  R  X  I  W  A  A  H  K  K
R  H  B  R  T  R  N  B  G  L  C  R  R  O  F  T
A  H  L  N  G  O  V  G  N  I  P  M  A  C  O  A
F  L  Å  T  E  Z  M  K  K  X  T  B  L  G  S  X
U  N  D  E  R  V  A  N  N  S  B  Å  T  B  P  I
```

AMBULANSE	FERJE
BUSS	VAREBIL
FLY	HELIKOPTER
FLÅTE	MOTOR
BÅT	DEKK
SYKKEL	UNDERVANNSBÅT
LASTEBIL	TAXI
CAMPINGVOGN	TRAKTOR
BIL	TOG
RAKETT	

42 - Geometría

```
S V E R T I K A L B G K U O F I
M E S S A M R M H E T A L F D E
V U G R H U N C I R E M M U N V
U I N M U Z I R T E M M Y S C Z
N K N Z E A N L Q G M E D I A N
L K J K H N V R B N C Q H I E X
A I V X E U T W O I R O E T H D
T G G O R L N E K N F Y J A Ø I
N O M N Y H B J T G P G Z Y Y M
O L L R I T R E K A N T C C D E
S A K K I N K U R V E N B A E N
I N S R F A G D I A M E T E R S
R D D Z B C F W F M Z O V I Q J
O E J E O J J W P M M U R B N O
H L C B X J C S O Y Z O I T Y N
Z C P H S T P A R A L L E L L X
```

HØYDE
VINKEL
BEREGNING
KURVE
DIAMETER
DIMENSJON
LIGNING
HORISONTAL
LOGIKK
MASSE

MEDIAN
NUMMER
PARALLELL
ANDEL
SEGMENTET
SYMMETRI
FLATE
TEORI
TREKANT
VERTIKAL

43 - Vacaciones #2

```
F  A  U  B  A  P  D  Z  R  V  K  T  P  G  G  O
F  D  E  H  X  E  T  L  E  T  Z  Z  Q  Q  N  I
E  S  T  R  A  N  D  O  V  I  S  U  M  S  I  W
R  L  Z  T  N  U  W  Y  G  Q  I  F  W  H  D  E
I  R  E  K  O  X  N  O  E  S  K  A  R  T  N  U
E  E  P  R  E  N  O  J  S  A  V  R  E  S  E  R
L  D  X  E  A  V  J  W  I  W  W  L  L  V  L  Q
F  L  Y  P  L  A  S  S  E  N  S  R  P  Q  T  W
N  I  E  Y  M  H  A  S  R  T  D  D  S  Z  U  E
A  B  O  T  W  X  N  C  A  Z  V  F  J  B  U  O
T  G  J  A  O  V  I  C  W  P  O  R  A  Q  P  K
P  T  A  X  I  H  T  T  R  A  N  S  P  O  R  T
T  G  R  C  J  P  S  M  Y  Z  Ø  M  W  U  G  E
B  Z  B  B  I  C  E  M  G  D  Y  T  P  M  F  E
U  W  Y  B  Y  X  D  I  T  I  R  F  Y  U  V  S
R  E  S  T  A  U  R  A  N  T  Q  G  R  C  R  H
```

FLYPLASSEN	PASS
TELT	STRAND
DESTINASJON	RESERVASJONER
UTLENDING	RESTAURANT
BILDER	TAXI
HOTELL	TRANSPORT
ØY	TOG
KART	FERIE
HAV	REISE
FRITID	VISUM

44 - Baile

```
B W D L C Z I L P R K E P G K F
F E A K A D E M I C E C Q L R Ø
Q T V I A U Z C C F G G G E O L
N R K E K U L T U R E L L D P E
Å A U F G N I V Ø R M L S E P L
D D L I N E T Q W E Y S P L V S
E I T V I D L K U O M T J I P E
O S U I N F C S F B F S M G H V
Z J R S D W G I E M N N K E C N
L O D U L U E S U A I U R L V D
G N E E O O D S B S L K M H I Z
D E W L H I F A R G O E R O K V
J L Y L T I B L M U S I K K F O
O L L L U F S K K Y R T T U Y U
V O H O P P E B J D S B Q T R U
E N J L C P I Q Z M Q L N Z G L
```

AKADEMI
GLEDELIG
KUNST
KLASSISK
KOREOGRAFI
KROPP
KULTUR
KULTURELL
FØLELSE
ØVING

UTTRYKKSFULL
NÅDE
BEVEGELSE
MUSIKK
HOLDNING
RYTME
HOPPE
SAMBOER
TRADISJONELL
VISUELL

45 - Matemáticas

```
Q B F O Q S Q D L N O G L R R D
V V R N O G Y L O P X P I E A E
Y P N Ø B B I M U L O V G K D S
N A P E K S Y C M O K W N T I I
C U W H A D C Z F E K N I A U M
S U M A V R E Q P R T N N S A
N L K I H E I L Q Æ C R G G E L
O M K R E T S T C F E I I E K P
J T O R G E T N M S G D Y L S A
S M D P A M M A Z E P U I R P R
I V R K Q A U K M M T B Z D O A
V O Z F H I B E U Q Y I O K N L
I F S Z G D B R T U P U K C E L
D S F C V Q O T G W D W X K N E
H H A I P Z G E O M E T R I T L
Y N D K H A K V I N K L E R Y L
```

ARITMETIKK	BRØKDEL
VINKLER	GEOMETRI
OMKRETS	PARALLELL
TORGET	POLYGON
DESIMAL	RADIUS
DIAMETER	REKTANGEL
DIVISJON	SYMMETRI
LIGNING	SUM
SFÆRE	TREKANT
EKSPONENT	VOLUM

46 - Profesiones #2

```
D  D  F  A  F  X  R  E  N  N  I  F  P  P  O  F
A  E  M  O  L  O  Ø  P  M  Z  P  A  Z  K  I  W
S  T  Y  Q  E  I  T  D  M  D  U  W  N  B  A  M
T  E  F  A  Q  N  A  O  G  W  J  O  M  I  T  G
R  K  R  E  N  T  R  A  G  O  L  O  I  B  S  G
O  T  E  C  I  M  T  S  H  R  I  T  O  L  I  P
N  I  L  X  M  P  S  J  Y  X  A  B  D  I  V  G
A  V  A  A  P  H  U  I  F  X  O  F  N  O  G  O
U  M  M  K  Z  F  L  Z  R  C  R  O  R  T  N  R
T  W  A  E  O  A  L  L  K  Ø  K  O  D  E  I  U
L  T  E  Q  A  W  I  H  E  I  I  J  D  K  L  S
U  E  F  O  R  S  K  E  R  F  M  N  R  A  V  M
N  T  G  R  U  R  I  K  P  I  H  R  E  R  Æ  L
E  D  G  E  J  T  A  N  N  L  E  G  E  G  F  R
J  O  U  R  N  A  L  I  S  T  D  D  Y  W  N  Y
Z  V  F  I  L  O  S  O  F  Z  O  O  L  O  G  I
```

ASTRONAUT	OPPFINNER
BIBLIOTEKAR	FORSKER
BIOLOG	GARTNER
KIRURG	LINGVIST
TANNLEGE	LEGE
DETEKTIV	JOURNALIST
FILOSOF	PILOT
FOTOGRAF	MALER
ILLUSTRATØR	LÆRER
INGENIØR	ZOOLOG

47 - Naturaleza

```
A R K T I S K R E V V Ø L J O A
Y A B M U K O Q L B G B X W R Q
T R O P I S K H Q I H O C P O D
D T I J G C U F G E T Å K E L H
V Y O A Y A D Y R R B F A S I M
I A N R Z R Q C H C P F E O G G
K Q E A Z K J M L X A F R G I S
T I K B M C I L Q X P C O V L E
I R R F H I J I S B R E S G E K
G C Ø Q P V S Z L Y I X J W D F
J Z V I L L K K O A B W O B E F
X Y J L I Y N R C R Z S N M R R
C G S K J Ø N N H E T C K G F K
O R H G C B L P B Y V P F Y R X
H E L L I G D O M X X F C L E O
H J H X R A M P O L H L L M C R
```

BIER	TÅKE
DYR	SKYER
ARKTISK	FREDELIG
SKJØNNHET	LY
SKOG	ELV
ØRKEN	VILL
DYNAMISK	HELLIGDOM
EROSJON	ROLIG
LØVVERK	TROPISK
ISBRE	VIKTIG

48 - Conduciendo

```
T R A F I K K U N B I L X T S E
H F N L F H G I J E S D P R I A
Q Y Z E Y J A Q L K C B L A K K
O X J K J X S F I M X Y A N K F
U L Y K K E S O S P F T Y S E Z
Q C Z Y C D C T E Y K P Z P R K
R B X S M B S G N Q D B O O H O
N X Z R L B P J S G D E Y R E W
Y A R O T O M E L E N N U T T Y
M R E T A G T N Y A Q Y R Y Y Y
C Z S O O Z J G U F S I V C I X
K M M M Q S T E H G I T S A H D
B R E N S E L R L Y K I E U C R
Y Q R G A R A S J E A L H B N T
U O B J Q A C D T T R O G O I F
H O H C J F F Q X C T P I E C L
```

ULYKKE
GATE
LASTEBIL
BIL
BRENSEL
BREMSER
GARASJE
GASS
LISENS
KART

MOTORSYKKEL
MOTOR
FOTGJENGER
FARE
POLITI
SIKKERHET
TRANSPORT
TRAFIKK
TUNNEL
HASTIGHET

49 - Ballet

```
M  Ø  J  I  F  A  R  G  O  E  R  O  K  X  R  K
U  U  V  A  N  I  R  E  L  L  A  B  G  I  O  U
K  D  S  I  A  T  S  I  N  O  P  M  O  K  R  N
I  A  U  K  N  S  E  M  T  Y  R  S  M  U  K  S
L  N  A  N  L  G  I  N  G  J  X  T  U  T  E  T
B  S  L  L  X  E  U  L  S  M  M  I  S  T  S  N
U  E  P  E  C  A  R  A  M  I  A  L  I  R  T  E
P  R  P  G  E  S  T  A  D  P  T  R  K  Y  E  R
J  E  A  E  H  Y  K  J  L  R  E  E  K  K  R  I
L  E  K  S  J  O  N  E  R  A  H  Q  T  K  Y  S
V  B  K  I  G  K  L  O  B  K  G  N  B  S  L  K
P  U  I  U  L  A  Q  Q  S  I  U  L  F  R  N
L  F  N  J  I  L  F  O  T  I  D  W  K  U  X  H
L  I  K  J  E  N  M  F  L  S  R  P  X  L  T  A
H  Q  E  J  V  Z  K  I  V  U  E  M  D  L  J  C
H  T  T  T  L  S  L  M  Y  M  F  A  X  K  B  V
```

APPLAUS
KUNSTNERISK
PUBLIKUM
BALLERINA
DANSERE
KOMPONIST
KOREOGRAFI
ØVING
STIL
UTTRYKKSFULL

GEST
FERDIGHET
INTENSITET
LEKSJONER
MUSKLER
MUSIKK
ORKESTER
PRAKSIS
RYTME
TEKNIKK

50 - Fuerza y Gravedad

```
V G W B E V E G E L S E B A N E
H A S T I G H E T L F S D T C C
G L U B Y J H W P E R L E O I E
A K S E R V V F R S I E M R R G
M S F N W W E B L R K G X R P E
A I U Y Q G A K T E S A H E S N
G M T L S N G U T V J D I T E S
N A V G W I F Q Q I O P D E N K
E N I Y D N K Y J N N P Q N T A
T Y D J T K Z K M U Z O D A R P
I D E D O R A V S T A N D L U E
S Q L K K I N A K E M W F P M R
M D S I F V L H J U S P I K C Z
E U E D M N U X H X S E T X S W
S K F W X N D U J R R M C K K U
C R O O Y I A S R E J Y G K K P
```

SENTRUM	MEKANIKK
OPPDAGELSE	BEVEGELSE
DYNAMISK	BANE
AVSTAND	VEKT
AKSER	PLANETER
UTVIDELSE	PRESS
FYSIKK	EGENSKAPER
FRIKSJON	TID
INNVIRKNING	UNIVERSELL
MAGNETISME	HASTIGHET

51 - Pájaros

```
Y  M  O  U  H  M  P  F  L  G  Å  S  F  D  U  D
G  J  Ø  K  A  W  Å  E  A  P  X  T  L  G  O  N
N  G  G  R  U  G  U  K  F  I  Z  U  A  F  Z  S
I  A  E  O  K  Ø  R  N  E  N  U  R  M  Q  W  P
L  P  Y  T  P  S  Z  K  H  G  T  T  I  K  O  U
L  M  Ø  S  R  N  E  F  B  V  T  S  N  O  W  R
Y  D  G  K  C  D  E  U  K  I  K  X  G  X  O  V
K  U  E  O  S  O  A  N  D  N  L  V  O  R  W  A
V  S  P  J  N  A  K  E  W  A  D  A  M  D  C  K
C  Y  A  U  Y  T  Y  N  A  K  I  L  E  P  Q  W
S  E  P  N  W  F  Q  A  B  S  G  C  I  B  Y  W
C  X  H  I  U  K  S  V  H  E  G  R  E  Q  F  V
T  O  U  C  A  N  H  S  B  U  K  P  X  X  N  P
I  I  E  W  S  A  A  H  T  D  N  Å  Z  F  A  G
S  C  C  S  Y  P  Z  K  Y  R  B  F  R  V  H  X
D  J  B  K  Z  W  S  L  A  B  X  H  B  K  B  B
```

STRUTS	SPURV
ØRN	HAUK
STORK	EGG
SVANEN	PAPEGØYE
GJØK	DUE
KRÅKE	AND
FLAMINGO	PELIKAN
GÅS	PINGVIN
HEGRE	KYLLING
MÅKE	TOUCAN

52 - Geografía

```
Y  A  W  I  W  N  Q  A  L  B  E  X  R  H  T  R
P  R  C  P  V  W  A  L  J  Y  Ø  S  D  O  E  F
V  E  S  T  N  E  N  I  T  N  O  K  F  Y  R  U
B  U  P  T  O  W  E  J  D  J  C  V  V  D  R  W
H  S  W  S  I  V  D  S  B  I  H  O  Y  O  I  O
P  A  A  G  G  M  R  Ø  S  S  R  C  D  M  T  S
N  L  L  A  E  M  E  H  Ø  Y  D  E  Z  R  O  S
N  T  D  V  R  L  V  S  E  T  A  I  M  B  R  W
L  A  E  G  K  W  A  T  Q  A  R  K  W  R  I  P
B  B  C  D  O  U  Q  F  I  W  G  B  L  O  U  W
P  W  E  L  V  T  L  C  H  F  E  V  P  H  M  R
L  L  P  L  K  Q  S  E  C  H  D  H  A  C  A  W
A  A  E  E  A  O  Y  G  K  H  G  C  D  D  A  V
N  Z  F  J  R  N  O  R  D  O  N  W  O  T  J  U
D  S  N  F  T  C  D  A  R  G  E  D  D  E  R  B
W  E  K  Z  B  V  F  I  L  Z  L  R  B  O  U  L
```

HØYDE	MERIDIAN
ATLAS	FJELL
BY	VERDEN
KONTINENT	NORD
HALVKULE	VEST
ØY	LAND
BREDDEGRAD	REGION
LENGDEGRAD	ELV
KART	SØR
HAV	TERRITORIUM

53 - Música

```
H  H  I  I  J  N  F  W  Z  I  A  W  R  U  L  Z
A  D  A  N  U  R  W  A  E  O  H  U  F  C  M  E
R  F  S  R  S  I  N  N  S  P  I  L  L  I  N  G
M  T  A  O  M  T  T  E  M  P  O  R  V  R  Q  N
O  V  N  K  N  O  R  E  K  I  S  U  M  O  N  Y
N  Z  G  P  B  N  N  U  E  Q  U  M  R  K  R  S
I  K  E  C  O  X  C  I  M  S  L  G  Q  Q  N  V
S  S  R  T  M  G  Y  A  M  E  M  E  L  O  D  I
K  I  B  Y  D  S  S  L  M  I  N  O  P  E  R  A
E  S  V  O  K  A  L  B  I  Y  K  T  T  M  B  A
K  S  L  A  K  I  S  U  M  Q  U  R  R  V  E  Q
B  A  L  L  A  D  E  M  T  Y  R  P  O  G  S  X
Q  L  I  M  P  R  O  V  I  S  E  R  E  F  E  J
H  K  S  I  T  E  O  P  Q  W  U  C  G  Z  O  N
V  X  U  Q  D  I  A  S  T  I  C  W  N  A  T  N
Z  W  X  G  K  R  I  X  B  P  U  Y  N  V  K  Q
```

HARMONI	INSTRUMENT
HARMONISK	MELODI
ALBUM	MIKROFON
BALLADE	MUSIKALSK
SANGER	MUSIKER
SYNGE	OPERA
KLASSISK	POETISK
KOR	RYTME
INNSPILLING	TEMPO
IMPROVISERE	VOKAL

54 - Enfermedad

```
B  L  V  Z  F  G  I  L  E  V  R  A  G  S  L  N
P  E  T  R  E  J  H  M  P  F  N  X  M  Y  U  E
E  S  T  T  U  K  A  O  M  W  D  O  Z  N  N  V
P  L  Z  E  E  E  O  Y  W  U  P  J  M  D  G  R
J  E  R  E  N  I  E  B  D  W  N  U  O  R  E  O
M  H  J  J  B  N  S  S  V  X  V  I  S  O  T  P
L  U  M  B  A  R  E  A  U  M  U  G  T  M  Q  A
R  C  Q  H  U  V  M  L  V  Q  X  R  T  E  N  T
W  M  L  S  Q  G  E  Y  S  Z  S  E  I  Z  T  I
K  R  O  N  I  S  K  L  Z  E  P  L  M  E  Q  P
V  N  V  K  K  T  B  K  V  B  P  L  S  S  X  A
P  V  P  A  E  R  I  S  X  Æ  O  A  Q  P  F  R
M  S  P  M  O  V  J  V  U  Y  R  X  E  G  O  E
T  F  C  I  U  E  M  A  M  O  K  E  O  C  O  T
K  Y  U  T  Y  K  P  K  S  I  T  E  N  E  G  D
L  U  F  T  V  E  I  E  N  E  F  T  L  U  U  G
```

AKUTT	BEIN
ALLERGI	BETENNELSE
VELVÆRE	IMMUNITET
SMITTSOM	LUMBAR
HJERTE	NEVROPATI
KRONISK	LUNGE
KROPP	LUFTVEIENE
SVAK	HELSE
GENETISK	SYNDROM
ARVELIG	TERAPI

55 - Actividades

```
A Q L F V T I S D Y V L L X Q G
K K O E K S P V Z J Y E S X F L
T J E R E R U T T O F S L Y Z E
I A Y D E B U F L W D I G A M D
V K A I Q S P I L L K N A W Z E
I T C G D I E B R A E G A H V S
T O O H L L S R E X J M Y U W
E K Z E H E O P V R L K C Q S O
T E H T K U N S T M E A W D L P
F A V S L A P N I N G Q M H A M
M I L G N I R E F A R G O T O F
R E S S E R E T N I E Y Y N V R
U A Y K K I M A R E K T S U C I
Z A T B E H Å N D V E R K H U T
K Y N S T R I K K I N G W F F I
M M T L E H H Z R B Z F C X O D
```

AKTIVITET	SPILL
KUNST	LESING
HÅNDVERK	MAGI
JAKT	FRITID
KERAMIKK	FISKE
SY	MALERI
FOTOGRAFERING	GLEDE
FERDIGHET	AVSLAPNING
INTERESSER	FOTTURER
HAGEARBEID	STRIKKING

56 - Verduras

```
P  R  P  P  O  S  N  Q  I  Y  J  K  T  O  E  F
G  S  N  E  V  I  L  O  S  A  L  A  T  I  V  N
C  J  I  P  R  A  K  S  S  E  R  G  X  K  V  B
E  M  A  E  C  S  U  A  J  D  Y  C  Y  B  H  Q
H  R  J  N  X  E  I  A  U  B  E  R  G  I  N  E
T  S  Y  Y  I  R  E  L  L  E  S  Y  C  J  E  S
P  U  K  C  C  L  Ø  K  L  B  B  Y  Y  T  S  M
K  Z  O  T  E  T  O  P  J  E  V  O  H  O  O  D
J  P  N  R  W  Q  T  K  R  U  G  A  I  M  N  H
V  A  W  E  J  E  V  I  K  H  K  V  S  A  G  J
E  B  L  E  F  I  I  D  Y  O  V  K  L  T  I  J
T  O  J  W  G  K  G  D  V  S  R  I  M  O  P  L
D  P  C  O  D  O  W  E  I  K  X  B  T  R  P  T
I  N  G  E  F  Æ  R  R  B  I  G  O  Z  L  P  P
A  R  T  I  S  J  O  K  K  Q  K  C  X  U  Ø  T
S  P  I  N  A  T  R  E  B  T  V  C  C  G  Z  K
```

HVITLØK	INGEFÆR
ARTISJOKK	NEPE
SELLERI	OLIVEN
AUBERGINE	POTET
BROKKOLI	AGURK
GRESSKAR	PERSILLE
LØK	REDDIK
SALAT	SOPP
SPINAT	TOMAT
ERT	GULROT

57 - Instrumentos Musicales

```
I  J  B  A  S  G  T  F  U  F  A  T  G  S  P  S
Q  J  B  A  B  M  I  R  A  M  K  D  U  A  E  M
T  Y  Z  Q  N  I  L  O  D  N  A  M  G  K  R  K
T  R  O  B  Y  J  T  M  G  Y  K  K  I  S  K  C
E  L  O  V  N  E  O  T  U  Q  L  K  T  O  U  M
N  Y  B  M  E  N  V  M  N  N  Y  J  A  F  S  D
I  R  O  Y  P  E  Z  E  Z  Z  N  Y  R  O  J  U
R  C  N  D  P  E  T  Y  Ø  L  F  S  G  N  O  G
A  J  A  Z  A  M  T  T  O  G  A  F  P  N  N  V
L  Z  I  O  G  M  H  W  L  L  I  E  D  I  I  T
K  L  P  O  D  O  N  H  L  C  F  M  L  R  L  E
A  B  Z  R  M  R  C  I  E  N  S  Z  K  U  O  L
C  N  A  P  B  T  G  P  C  S  J  O  W  B  I  G
T  M  C  P  N  J  C  U  H  P  J  V  M  M  F  U
Z  V  O  D  U  B  S  K  G  N  D  A  Y  A  Q  C
T  R  O  M  B  O  N  E  P  R  A  H  U  T  Y  D
```

MUNNSPILL	OBO
HARPE	TAMBURIN
BANJO	PERKUSJON
KLARINETT	PIANO
FAGOTT	SAKSOFON
FLØYTE	TROMME
GONG	TROMBONE
GITAR	TROMPET
MANDOLIN	FIOLIN
MARIMBA	CELLO

58 - Formas

```
N  J  P  E  O  W  Y  W  R  M  N  B  I  Q  B  K
P  X  X  R  U  L  E  K  R  I  S  K  F  V  Z  P
G  R  K  U  R  V  E  L  E  D  I  M  A  R  Y  P
R  E  I  Z  X  H  J  N  L  W  D  K  Y  E  D  Q
A  T  A  S  X  L  N  T  Z  I  E  N  R  Ø  J  H
L  N  B  K  M  D  I  E  G  H  P  Y  W  M  F  J
U  A  G  U  L  E  L  G  E  J  K  S  N  X  P  D
Q  K  K  W  X  B  E  R  R  G  F  M  E  B  V  V
Q  Q  D  T  I  U  G  O  Æ  R  O  W  H  X  Y  W
W  I  X  V  J  K  N  T  F  E  V  E  P  R  R  X
H  I  O  N  J  Q  A  L  S  D  A  J  B  X  T  J
B  J  G  O  C  L  T  M  J  N  L  I  B  H  K  P
S  U  I  J  I  E  K  C  Q  I  C  C  O  U  U  V
V  P  C  P  O  C  E  P  O  L  Y  G  O  N  E  Z
Q  V  A  L  O  B  R  E  P  Y  H  R  T  U  K  Z
T  R  E  K  A  N  T  B  I  S  L  U  W  T  N  J
```

BUE	HJØRNE
KANTER	HYPERBOLA
SYLINDER	SIDE
SIRKEL	LINJE
KJEGLE	OVAL
TORGET	PYRAMIDE
KUBE	POLYGON
KURVE	PRISME
ELLIPSE	REKTANGEL
SFÆRE	TREKANT

59 - Flores

```
P M W L C X Z A F Z V B C J M I
A A T U S E N F R Y D A L L I L
S G S J A S M I N T P F L N G W
J N U V Y O T U L I P A N M Q P
O O N D G R P V X C K P O V U R
N L L A I N E D R A G G A H N E
S I A L T B O O R K I D É Y H V
B A V B L E N P N V Y O P C D Ø
L Y E N R I V N B U K E T T F L
O V N O U P L Ø N I U Z H J I K
M P D R Q N E J L I L E K S Å P
S S E K F X T L E W X D Z B N A
T W L S O L S I K K E I W V L K
Y O O S R K B N F O P B E A M H
V O P G E H R K C T W P I L W P
H I B I S K U S V K D V B A V Y
```

VALMUE	TUSENFRYD
LØVETANN	PÅSKELILJE
GARDENIA	ORKIDÉ
SOLSIKKE	PASJONSBLOMST
HIBISKUS	PEON
SJASMIN	KRONBLAD
LAVENDEL	BUKETT
LILLA	ROSE
LILJE	KLØVER
MAGNOLIA	TULIPAN

60 - Astronomía

```
O B S E R V A T O R I U M C R R
P T I T M I U E U N I V E R S X
E M B G F D J N H A Q O F T T H
D H R Z P R Y A J T K O K Y I Q
M N Z Y X Q W L H T G A L A X Y
S E L E M M Z P Z I O M D Y N E
U D T N O J S A L L E T S N O K
P I U E T L F L Q L V R H G H K
E O A M O E F O D E D O G L L O
R R N Å L R L A S T R O N O M S
N E O N X X E E O A O E I R T M
O T R E W X M C S S J I L A B O
V S T N D I M D D K Q B Å K F S
A A S E Q U I N O X O D R E C U
K L A H G F H A A D J P T T F P
F O R M Ø R K E L S E M S T K N
```

ASTEROIDE
ASTRONAUT
ASTRONOM
HIMMEL
RAKETT
KONSTELLASJON
KOSMOS
FORMØRKELSE
EQUINOX
GALAXY

MÅNE
METEOR
OBSERVATORIUM
PLANET
STRÅLING
SATELLITT
SUPERNOVA
TELESKOP
JORD
UNIVERS

61 - Tiempo

```
M H N H E E Z B B H B X Y X H S
K U F K S A N K K I L B E Y Ø T
S B A H V L K W A R T I W X W M
H G X R S D S W T L D G J P H I
W E T Q C T M X D E E H H A G D
M B T H O M J D H B T N C E V D
T Å A H Y O M I N U T T D S S A
S N N H K R G T P F A E C E Q G
Q L K E Z G Å M E G Z D I K R S
Q D G U D E X E T E E J K K Ø T
Å R L I G N U R Å G I U C O F I
U Å P Z A O G F T B Y B C L R D
X I F K D U K E A P W U I K W O
B T K V I Å R H U N D R E O I M
T G C I H T I M E I L X O A H A
Q Y P D A G E C Z Q M K E X J P
```

NÅ	I DAG
FØR	MORGEN
ÅRLIG	MIDDAGSTID
ÅR	MÅNED
I GÅR	MINUTT
KALENDER	ØYEBLIKK
TIÅR	NATT
DAG	KLOKKE
FREMTID	UKE
TIME	ÅRHUNDRE

62 - Paisajes

```
I  T  Y  E  V  D  V  D  U  Y  I  B  N  E  G  R
L  L  E  J  F  T  Y  N  A  I  N  E  K  R  Ø  K
L  A  F  O  Y  A  W  A  B  L  N  S  U  M  P  A
E  C  G  U  Q  L  O  R  A  B  S  C  H  C  A  I
J  A  K  U  X  O  Y  T  O  V  J  F  O  S  S  F
F  Ø  Y  E  N  D  J  S  O  Y  Ø  V  L  A  H  F
S  O  T  Q  U  E  S  G  E  Y  S  I  R  I  T  V
I  E  L  V  E  M  U  N  N  I  N  G  E  N  V  X
U  S  P  L  R  I  I  A  L  B  Z  X  E  T  O  T
A  A  O  E  B  A  A  K  P  Y  H  K  Y  O  W  I
A  O  W  Z  S  Y  D  L  Z  T  X  U  W  Q  V  V
N  O  S  D  I  X  M  U  L  S  F  X  L  F  T  V
U  S  Y  M  T  N  V  V  J  V  T  I  O  E  Q  G
W  T  E  O  C  Q  D  T  U  N  D  R  A  H  A  V
L  M  U  M  V  D  T  G  S  I  N  Y  L  J  N  M
L  X  H  W  N  E  L  R  J  A  Q  L  H  G  V  N
```

FOSS	HAV
HULE	FJELL
ØRKEN	OASE
ELVEMUNNINGEN	SUMP
GEYSIR	HALVØY
ISBRE	STRAND
ISFJELL	ELV
ØY	TUNDRA
INNSJØ	DAL
LAGUNE	VULKAN

63 - Días y Meses

```
S  S  H  N  G  O  T  Q  V  U  S  I  Y  Z  G  A
X  N  Q  X  U  S  M  M  R  H  O  K  J  G  T  A
F  R  E  B  M  E  V  O  N  I  E  I  L  I  I  K
T  E  K  U  M  M  X  E  L  A  N  O  I  L  U  J
C  D  B  A  I  A  V  F  L  X  L  Ø  R  D  A  G
Y  N  R  R  N  B  N  F  W  C  E  Z  P  X  W  K
K  E  E  Å  U  J  B  D  O  N  S  D  A  G  S  A
F  L  B  J  J  A  M  Q  A  Y  C  F  A  D  Z  M
X  A  M  O  E  O  R  Q  E  G  U  V  E  H  L  I
X  K  E  Z  M  Å  N  E  D  T  A  V  M  Y  V  Q
O  K  T  O  B  E  R  N  Y  O  B  D  E  X  O  J
L  C  P  F  R  E  D  A  G  L  T  K  S  W  M  C
O  M  E  V  Y  A  D  N  S  Z  L  G  Z  R  U  T
M  T  S  U  G  U  A  V  P  K  Z  T  W  D  I  H
W  H  W  S  Z  Y  S  T  X  J  A  N  U  A  R  T
T  O  R  S  D  A  G  S  Ø  N  D  A  G  L  Q  H
```

APRIL	MANDAG
AUGUST	TIRSDAG
ÅR	MÅNED
KALENDER	ONSDAG
SØNDAG	NOVEMBER
JANUAR	OKTOBER
FEBRUAR	LØRDAG
TORSDAG	UKE
JULI	SEPTEMBER
JUNI	FREDAG

64 - Biología

```
S  B  W  R  Y  D  E  T  T  A  P  B  F  W  O  B
Y  A  J  C  E  C  W  G  G  Y  M  J  T  V  V  B
N  A  C  Y  E  P  N  E  V  R  O  N  B  F  N  S
A  L  J  K  A  M  T  L  T  E  Y  O  A  F  A  R
P  M  Y  R  N  K  U  I  U  C  R  S  K  O  T  P
S  E  K  O  A  U  Q  T  L  X  B  M  T  T  U  R
E  E  Z  M  T  F  S  I  A  F  M  O  E  O  R  O
F  L  Q  O  O  K  I  I  T  S  E  S  R  S  L  T
I  L  L  S  M  E  N  Z  Y  M  J  E  I  Y  I  E
U  E  S  O  I  B  M  Y  S  Q  G  O  E  N  G  I
H  C  G  M  K  O  L  L  A  G  E  N  N  T  V  N
K  O  E  V  V  K  D  T  S  J  S  D  X  E  T  R
E  V  R  E  N  O  J  S  U  L  O  V  E  S  J  T
M  E  L  M  H  W  A  Z  S  Z  K  N  V  E  E  M
X  Q  Y  X  O  B  B  U  J  S  K  A  A  Y  P  S
C  K  B  N  D  N  R  L  U  X  V  K  M  L  E  A
```

ANATOMI	PATTEDYR
BAKTERIE	MUTASJON
CELLE	NATURLIG
KOLLAGEN	NERVE
KROMOSOM	NEVRON
EMBRYO	OSMOSE
ENZYM	PROTEIN
EVOLUSJON	REPTIL
FOTOSYNTESE	SYMBIOSE
HORMON	SYNAPSE

65 - Jardinería

```
F V G M L N K O F G N J Y G K B
E W O T R E D L O H E B U C O L
F Q H T E H G I T K U F T U M O
F R U K T H A G E S K I T T P M
E S A S S L M L N L L X E D O S
S E O I M I Ø B N Y A A K L S T
F S L N O S T V A N J Q U L T R
R O D A L B P O V P O R B L S E
Ø N R T B D M I S E G N A L S N
V G O O L O U B S K R B M K F T
R M J B T Z D Y C E E K I I O A
G E Z O H T Q Y W Y L G L D F R
L S K T N D N Z A X I I K P W T
K S D Z B X I D H M X V G S F X
K I U Q U Y M D A R N W F W H P
I G Y C F O G S Z I T O Q K M U
```

VANN	BLOMSTER
BOTANISK	LØVVERK
KLIMA	BLAD
SPISELIG	FRUKTHAGE
KOMPOST	FUKTIGHET
BEHOLDER	SLANGE
ART	BUKETT
SESONGMESSIG	FRØ
EKSOTISK	SKITT
BLOMSTRE	JORD

66 - Barbacoas

```
L  K  K  I  S  U  M  Z  C  H  K  O  P  W  Q  G
L  Y  G  J  S  V  R  H  T  E  X  N  O  W  T  H
M  L  R  B  E  H  L  A  H  P  U  Z  F  L  U  T
G  L  Ø  Y  G  W  G  F  T  K  U  R  F  I  Ø  Y
R  I  N  O  S  G  S  O  M  M  E  R  E  R  P  K
I  N  N  W  N  U  C  E  R  E  T  A  L  A  S  M
L  G  S  H  B  Q  L  J  A  V  G  K  H  Q  N  Y
L  Z  A  P  A  F  B  T  V  S  O  N  N  M  Y  X
E  R  K  W  I  G  A  D  D  I  M  I  S  A  L  T
Q  E  E  M  J  Q  R  R  U  I  B  V  L  C  T  H
S  P  R  H  J  S  N  U  L  Z  X  E  P  B  W  D
D  P  E  P  Q  N  G  F  S  X  L  R  F  T  G  P
M  E  I  L  I  M  A  F  A  T  O  M  A  T  E  R
N  P  Y  L  S  A  P  Z  U  O  U  O  V  B  E  D
I  L  Y  K  L  F  Y  G  S  R  X  S  G  G  R  Q
Q  H  K  S  Y  J  V  T  T  P  P  N  K  J  J  D
```

LUNSJ	MUSIKK
VARMT	BARN
LØK	GRILLE
MIDDAG	PEPPER
KNIVER	KYLLING
SALATER	SALT
FAMILIE	SAUS
FRUKT	TOMATER
SULT	SOMMER
SPILL	GRØNNSAKER

67 - Ropa

```
H  A  L  S  K  J  E  D  E  T  O  M  D  A  V  P
D  S  I  B  L  G  P  T  N  Z  F  F  B  S  S  A
B  A  Y  E  H  A  N  S  K  E  R  T  Y  D  G  V
U  N  A  L  G  E  N  W  G  G  G  E  N  S  E  R
K  D  R  T  H  F  T  P  D  F  C  T  Q  S  L  H
S  A  M  E  E  R  R  H  W  P  U  R  F  B  O  U
E  L  B  H  Q  S  Z  A  F  E  H  O  H  R  J  A
L  E  Å  W  X  M  U  L  K  L  W  J  Z  A  K  L
C  R  N  L  K  A  R  B  A  K  D  K  L  B  T  P
D  T  D  S  M  Y  K  K  E  R  B  S  S  R  Y  T
S  E  S  L  D  S  Q  D  H  O  L  A  K  Y  T  F
L  K  Q  L  V  H  J  H  K  F  U  M  O  B  H  W
F  K  J  U  K  V  D  R  W  Y  S  A  T  H  S  D
T  A  O  Ø  I  I  R  K  F  R  E  J  K  S  I  U
J  J  W  R  R  Y  Y  G  N  V  X  Y  Q  R  G  Z
Q  W  Q  R  G  T  P  T  D  A  A  P  T  K  P  S
```

FRAKK	SMYKKER
BLUSE	MOTE
SKJERF	BUKSE
SKJORTE	PYJAMAS
JAKKE	ARMBÅND
BELTE	SANDALER
HALSKJEDE	HATT
FORKLE	GENSER
SKJØRT	KJOLE
HANSKER	SKO

68 - Meditación

```
Q A R U T A N E I M O O N L O O
V Y E O A G L C Y S D H S Z B P
F X S N K W P G R A Y V G I S P
D M L V K Q L K D E R F I T E M
U L E M N S T M E N T A L F R E
P V L T E B K R S Q E S L M V R
T Q Ø E M V V Z L M C P U Y A K
W G F H L S I Q E S I N N P S S
N K Z G I X T H G I L O R N J O
H E Z I G F K T E H R A L K O M
A J X L H U E K V M N U U S N H
Z K Q N E W P K E M U S I K K E
A H S N T T S Y B T A N K E R T
Y G Y E P I R H O L D N I N G D
O W T V P M E D F Ø L E L S E O
V W H O G T P S T I L L H E T N
```

AKSEPT	BEVEGELSE
OPPMERKSOMHET	MUSIKK
VENNLIGHET	NATUR
ROLIG	OBSERVASJON
KLARHET	FRED
MEDFØLELSE	TANKER
FØLELSER	PERSPEKTIV
TAKKNEMLIGHET	HOLDNING
MENTAL	PUSTE
SINN	STILLHET

69 - Libros

```
H R E T T A F R O F R U T Q G Q
U A K V A F J T L L D O E P Q Y
M S J M E P O E S I Z P M D U Q
O E M O S N N I F P P O Y A D I
R R P V Z C T S K E T N O K N Y
I I V C T E T Y A I Z Z E H E T
S E P Z M K S I R O T S I H W E
T E V E R K S C F J X X R O D T
I S Z R F S T S O A D Z O O R I
S I Y Q J A R M R Æ R E T T I L
K D T I J M Y B T N E A S K Q A
P E R X S L D Q E D S C I K I U
D M C Y D I T D L W E F H A C D
A N R I Q N O V L L L I T K V Z
S M L L H G A T E A K T U E L L
V V J K S I G A R T N D E H S A
```

FORFATTER	LESER
EVENTYR	LITTERÆR
SAMLING	FORTELLER
KONTEKST	ROMAN
DUALITET	SIDE
SKREVET	AKTUELL
HISTORIE	DIKT
HISTORISK	POESI
HUMORISTISK	SERIE
OPPFINNSOM	TRAGISK

70 - Los Medios de Comunicación

```
L A K O L V R B M R K H O A U I
L J O C L H A I A Y O O E U T N
E T H N O J D L G O M L F T D T
I O V D L E I D A Z M D K S A E
S D G G Q I O E S T U N E L N L
R E S I V A N R I Q N I D F N L
E W U X T T H E N I I N G D I E
M A U M U L Q F E E K G F V N K
M C W Z E A W H R L A E R C G T
O F F E N T L I G Y S R E F O U
K A T E Z I I Y Z B J F S U W E
M E N I N G E E J Y O B Y E M L
X W B G N I R E I S N A N I F L
I R T S U D N I U T G A V E Z M
N E T T V E R K F A K T A F H T
R E M E X M O V D X R G L D L G
```

HOLDNINGER
KOMMERSIELL
KOMMUNIKASJON
DIGITALT
UTGAVE
UTDANNING
ONLINE
FINANSIERING
BILDER
FAKTA

INDUSTRI
INTELLEKTUELL
LOKAL
MENING
AVISER
OFFENTLIG
RADIO
NETTVERK
MAGASINER
TV

71 - Nutrición

```
R R E T T I B V M T F S A U S N
X E I W E S L E Y Ø D R O F S Æ
L T F I G U N K S N Z O Z A M R
T A W D U Z J T G U N R Y X A I
P R O T E I N E R J N L T S K N
K D K S F T E H H Y Æ N F X G G
V Y A M P T T T E I D R N D E S
A H L V X I M M L I B E I N Q S
L O O R H T S U S R W V M N A T
I B R Z B E T E E Q M A A O G O
T R I C K P R A L S X N T D N F
E A E J S P O F U I P E I Y B F
T K R D E A J L S J G R V L K Q
J H Y B C M B A L A N S E R T R
C D X Q Y C F J B W K X J V O B
V C I Q T L V H G G V U G O B D
```

BITTER
APPETITT
KVALITET
KALORIER
KARBOHYDRATER
SPISELIG
DIETT
FORDØYELSE
BALANSERT
GJÆRING

VANER
NÆRINGSSTOFF
VEKT
PROTEINER
SMAK
SAUS
HELSE
SUNN
GIFT
VITAMIN

72 - Edificios

```
Z  E  I  W  T  L  L  R  Y  F  X  S  O  V  L  L
B  B  W  D  U  L  M  C  S  A  H  V  B  F  G  E
X  T  E  A  T  E  R  I  B  B  E  R  S  L  K  I
H  B  X  B  S  T  M  M  N  R  R  F  E  A  U  L
I  U  C  K  K  O  O  T  E  I  B  N  R  Å  T  I
G  J  Y  Q  O  H  S  L  J  K  E  O  V  U  N  G
K  Å  E  V  L  P  G  Y  S  K  R  I  A  N  P  H
Y  E  R  Y  E  R  E  J  A  J  G  D  T  I  R  E
Q  C  W  D  K  I  N  O  R  G  E  A  O  V  G  T
S  F  X  U  D  I  Y  X  A  D  M  T  R  E  I  P
J  Y  Q  M  W  M  D  F  G  M  C  S  I  R  H  Z
D  E  K  R  A  M  R  E  P  U  S  L  U  S  S  G
V  P  X  E  Z  H  L  E  D  E  Q  Å  M  I  H  I
U  V  R  L  H  V  F  X  J  S  D  V  K  T  D  L
P  D  Y  V  N  U  B  O  X  U  H  E  K  E  H  F
V  E  E  D  A  S  S  A  B  M  A  Q  R  T  X  K
```

HERBERGE	GÅRD
LEILIGHET	SYKEHUS
SLOTT	HOTELL
KINO	MUSEUM
AMBASSADE	OBSERVATORIUM
SKOLE	SUPERMARKED
STADION	TEATER
FABRIKK	TÅRN
GARASJE	UNIVERSITET
LÅVE	

73 - Océano

```
R Z M B N W T P G P F F W O B D
B L E K K S P R U T M H N F K E
T Å M X Q Q J U L K R A I D V L
U B J B F G F I H Z O I V T A F
B Q H F T C F U H R T Å B S L I
E Z M S X D S V D E S A M Q G N
S I B X J M N I M K J R F I E E
C W K S I F N U T E G V B G R H
K G K A Z J A G E J K Y R L H L
C R T L O J V O M Z H H B Ø U N
I N A T B S E V W K S I F S Q F
Y H H B E X D D S O D K V T R N
Y I H Z B I I M L R H N H E A X
N E G C Q E T E N A M T D R R B
S K I L P A D D E L A V H S R J
Q Y J F D Q E O G L G A M Z C B
```

ALGER	SVAMP
ÅL	TIDEVANN
REV	MANET
TUNFISK	ØSTERS
HVAL	FISK
BÅT	BLEKKSPRUT
REKE	SALT
KRABBE	HAI
KORALL	STORM
DELFIN	SKILPADDE

74 - Ciudad

```
Z  P  B  F  L  Y  P  L  A  S  S  E  N  U  B  I
L  C  A  H  F  H  N  B  A  E  I  L  S  N  I  X
S  V  N  O  C  F  H  X  J  T  T  D  K  I  B  K
R  T  K  Q  Q  H  O  T  E  L  L  Z  O  V  L  D
K  E  A  Z  P  F  S  D  U  E  R  G  L  E  I  Y
O  I  S  D  E  K  R  A  M  D  J  A  E  R  O  R
X  C  N  T  I  Z  Y  K  U  N  V  L  B  S  T  E
J  C  T  O  A  O  D  R  E  A  D  L  P  I  E  H
L  M  O  C  I  U  N  E  S  H  C  E  K  T  K  A
B  U  T  I  K  K  R  T  U  K  A  R  T  E  V  G
L  U  S  G  N  I  R  A  M  O  P  I  B  T  F  E
Q  H  R  Z  P  R  P  E  N  B  O  D  T  U  X  R
U  Y  U  N  G  E  L  T  B  T  T  M  Y  M  F  E
B  O  O  D  E  K  R  A  M  R  E  P  U  S  F  E
C  L  Y  C  I  A  L  E  K  K  K  I  N  I  L  K
K  G  P  W  E  B  I  G  P  F  N  N  X  N  V  J
```

FLYPLASSEN	BOKHANDEL
BANK	MARKED
BIBLIOTEK	MUSEUM
KINO	BAKERI
KLINIKK	RESTAURANT
SKOLE	SUPERMARKED
STADION	TEATER
APOTEK	BUTIKK
GALLERI	UNIVERSITET
HOTELL	DYREHAGE

75 - Agronomía

```
S  V  A  N  N  Q  F  E  Y  P  F  X  A  W  B  L
I  Y  G  R  Ø  N  N  S  A  K  E  R  Y  P  Æ  A
D  X  K  M  T  Z  I  G  O  L  O  K  Ø  V  R  N
Z  J  E  D  N  R  A  N  W  C  O  X  J  B  E  D
E  M  I  S  O  O  Z  I  N  Q  Q  E  K  V  K  L
Q  V  W  T  J  M  T  S  R  G  I  R  V  E  R  I
F  R  Ø  U  S  Y  M  N  P  P  F  Q  O  K  A  G
P  Z  J  D  O  R  L  E  S  D  Ø  J  G  S  F  O
A  F  L  E  R  C  F  R  R  L  B  I  N  T  T  R
K  J  I  R  E  Y  O  U  I  E  F  S  D  R  I  G
S  C  M  E  O  T  K  R  G  L  M  E  N  F  G  A
N  O  J  S  K  U  D  O  R  P  S  E  T  C  U  N
E  Z  P  Q  B  C  W  F  E  A  Z  C  T  L  L  I
T  R  E  K  L  P  F  O  N  S  X  B  N  S  T  S
I  L  D  P  L  A  N  T  E  R  J  T  U  K  Y  K
V  L  A  N  D  B  R  U  K  W  O  H  N  Z  V  S
```

LANDBRUK
VANN
VITENSKAP
FORURENSING
VEKST
ØKOLOGI
ENERGI
SYKDOMMER
EROSJON
STUDERE

GJØDSEL
MILJØ
ORGANISK
PLANTER
PRODUKSJON
LANDLIG
FRØ
SYSTEMER
BÆREKRAFTIG
GRØNNSAKER

76 - Actividades y Ocio

```
A H I Q I R O B S F D J A A B D
O V C Y K E V O F B I P K S A Y
L R S F H I X K O A E S M W S K
C U Q L H S S T S B G K D K K
C H L O A E C I B E R M X E E I
T M A G C P V N A B A X E C T N
Z E J D M R P G L A E S F A B G
X F N L L A U E L L G V S M A L
V V F N N Q T E N L A Ø U P L F
H R J E I Y Q G J D H M R I L S
G C F O R S N E O H E M F N G Q
B Y X F E R Q F T U B I I G B G
T O L R L K U N S T P N N U K F
U H Y K A E U V Z Y Z G G Q Q R
C D U S M F O T T U R E R Q P P
S H O P P I N G C U B T X A V Q
```

KUNST   HAGEARBEID
BASKETBALL   SVØMMING
BASEBALL   FISKE
BOKSING   MALERI
DYKKING   AVSLAPPENDE
CAMPING   FOTTURER
SHOPPING   SURFING
FOTBALL   TENNIS
GOLF   REISE

77 - Ingeniería

```
X A O U O R G L H F Q U Z S K L
K O R V X G A O V X B H Z G O Q
B U Q T R G N M K V Y D R O N D
D E D B Y D C B D Z Z H G M S T
I U R E T E M A I D S Q M D T V
S Y M E I A Z F H E F Y W B R Æ
T S Å D G I C J R O T O M B U S
R P L C R N N N I K S A M K K
I A Z P E E I R U T K U R T S E
B K L Z N E V N D W Z S R H J J
U E E N E M A R G A I D J Q O D
S R K K U D I E S E L E V O N Q
J K N R A K S E R E T B M A N A
O J I B Y F R E M D R I F T O U
N K V O N T E T I L I B A T S F
D T F L Q G S H M V N V M L L E
```

VINKEL   STRUKTUR
BEREGNING   FRIKSJON
KONSTRUKSJON   STYRKE
DIAGRAM   VÆSKE
DIAMETER   MASKIN
DIESEL   MÅL
DISTRIBUSJON   MOTOR
AKSER   SPAKER
ENERGI   DYBDE
STABILITET   FREMDRIFT

78 - Comida #1

```
G  J  B  L  T  P  Æ  R  E  I  B  Y  G  G  L  D
I  U  O  A  D  U  D  M  Y  C  F  G  X  A  Ø  F
U  I  A  P  S  X  N  S  P  I  N  A  T  U  K  B
P  C  F  L  K  I  V  F  N  Q  N  W  L  Y  G  A
X  E  P  P  U  S  L  M  I  O  I  I  A  F  F  H
M  T  O  R  L  U  G  I  X  S  S  H  S  B  S  E
Z  N  O  R  T  I  S  J  K  G  K  D  Q  R  A  S
O  Y  K  A  N  E  L  P  D  U  N  E  P  E  L  X
T  M  D  I  L  X  Y  G  V  N  M  A  O  X  A  L
K  X  O  M  S  U  K  K  E  R  C  G  R  K  T  I
Ø  J  G  W  R  T  W  R  W  Æ  Z  H  V  M  W  E
L  E  Ø  K  K  H  Y  G  K  B  I  M  M  E  V  E
T  X  J  T  L  I  I  M  P  D  X  H  U  L  B  S
I  O  S  X  T  G  R  C  Q  R  Q  U  O  K  G  Q
V  B  Y  G  W  N  X  Y  T  O  J  E  E  E  Y  Y
H  J  E  Y  T  O  H  N  H  J  J  M  H  B  O  K
```

HVITLØK	JORDBÆR
BASILIKUM	JUICE
TUNFISK	MELK
SUKKER	SITRON
KANEL	MYNTE
KJØTT	NEPE
BYGG	PÆRE
LØK	SALT
SALAT	SUPPE
SPINAT	GULROT

79 - Antigüedades

```
V  A  M  P  N  O  J  S  K  U  A  P  C  G  K  E
I  U  U  G  U  H  R  M  J  V  Q  P  D  A  U  L
O  T  I  V  K  Y  U  Y  L  V  P  G  Z  M  N  E
R  E  B  K  G  Q  J  K  T  G  P  B  Q  M  S  G
D  N  I  L  T  R  X  K  I  D  R  E  V  E  T  A
R  T  H  L  Q  B  O  E  L  B  O  L  H  L  U  N
G  I  N  Z  G  B  V  R  S  W  Y  E  M  O  V  T
A  S  B  G  N  I  R  E  T  S  E  V  N  I  A  T
L  K  F  T  A  J  D  B  A  L  E  W  S  Z  N  N
L  Q  R  E  T  N  Y  M  N  V  O  O  D  M  L  U
E  W  N  T  S  J  N  G  D  R  X  W  O  D  I  M
R  P  R  I  S  T  S  K  U  L  P  T  U  R  G  R
I  Y  O  L  G  N  I  R  E  R  U  A  T  S  E  R
E  N  X  A  L  T  V  L  Å  R  H  U  N  D  R  E
A  K  D  V  I  T  A  R  O  K  E  D  L  Z  G  F
S  H  H  K  M  Ø  B  L  E  R  M  P  Z  D  O  P
```

KUNST	INVESTERING
AUTENTISK	SMYKKER
KVALITET	MYNTER
TILSTAND	MØBLER
DEKORATIV	PRIS
ELEGANT	RESTAURERING
SKULPTUR	ÅRHUNDRE
STIL	AUKSJON
GALLERI	VERDI
UVANLIG	GAMMEL

80 - Literatura

```
K U S R E L L E T R O F S B K A
M O K I F U K F T M B A L E W N
O V N M E F K S A F W B V S V A
Z F E K F P O E T I S K Y K A L
I Y G K L K A D I A L O G R N Y
T E M A Q U I G G P D H M I A S
B O E X I M S E M Z S R V V L E
M E T A F O R J D W T K F E O F
Q M O G A Y R G O D I R S L G O
V T D E R Z L I P N L R L S I R
I Y K B G T R A G E D I E E D F
K R E H O N D H K P A M Q B I A
L X N T I A R W U R O M A N K T
F Z A Z B W K U D H W L T Z T T
D Y A Q X S M E N I N G E N Z E
S A M M E N L I G N I N G U I R
```

ANALOGI

ANALYSE

ANEKDOTE

FORFATTER

BIOGRAFI

SAMMENLIGNING

KONKLUSJON

BESKRIVELSE

DIALOG

STIL

METAFOR

FORTELLER

ROMAN

MENING

DIKT

POETISK

RIM

RYTME

TEMA

TRAGEDIE

81 - Química

```
P C K B M P Y E M R A V K A V L
X M P O H N H N N V P T A L Æ Z
N X K S P J R K P Z E U R K S N
I O N E G O R D Y H Z B A K U
J S S M E T A L L E R M O L E K
E L E K T R O N V N L Q N I M L
G T K I G A K V E E R Y S S O E
I O O L J O Y E K G O X M K L Æ
G A S S O S N G T Y V H P H E R
Q U M O D R O G Z S X J Q H K U
C W D P Q Q J R L K A K B N Y H
K A T A L Y S A T O R L W K L A
H A V R G T K F M L U N T L U J
Y W Q P H H A Z J E S P A O R E
G J O H N R E Q L G T B L B Q F
D E O Y C B R U T A R E P M E T
```

ALKALISK	ION
SYRE	VÆSKE
VARME	METALLER
KARBON	MOLEKYL
KATALYSATOR	NUKLEÆR
KLOR	OKSYGEN
ELEKTRON	VEKT
ENZYM	REAKSJON
GASS	SALT
HYDROGEN	TEMPERATUR

82 - Gobierno

```
I  T  A  R  K  O  M  E  D  H  S  G  R  U  Y  S
D  E  O  E  L  A  T  I  E  W  L  N  E  A  G  K
I  H  F  T  N  E  M  U  N  O  M  I  T  V  O  L
S  G  Y  T  N  A  S  J  O  N  A  L  T  H  L  O
T  I  A  S  F  O  Z  X  I  A  S  L  I  E  D  B
R  D  V  L  R  R  J  S  U  H  X  I  G  N  X  M
I  R  L  I  S  Y  I  S  N  X  N  T  H  G  U  Y
K  E  Z  G  T  G  C  H  U  Q  O  S  E  I  I  S
T  F  L  E  D  E  R  V  E  K  J  E  T  G  X  Y
X  T  N  N  H  J  U  F  H  T  S  K  E  H  D  Z
X  T  F  M  I  M  Y  C  S  C  A  I  R  E  M  N
K  E  F  B  B  T  B  X  S  I  N  L  D  T  L  C
G  R  U  N  N  L  O  V  X  G  V  L  N  D  V  N
S  T  A  T  A  I  I  K  K  I  T  I  L  O  P  K
T  M  R  A  I  B  Z  T  R  F  X  Q  L  S  J  P
O  B  N  I  Y  K  Y  C  A  D  W  Z  F  T  H  C
```

SIVIL
GRUNNLOV
DEMOKRATI
RETTIGHETER
TALE
DISKUSJON
DISTRIKT
STAT
LIKESTILLING
UAVHENGIGHET

RETTSLIG
RETTFERDIGHET
LOV
FRIHET
LEDER
MONUMENT
NASJONAL
NASJON
POLITIKK
SYMBOL

83 - Creatividad

```
I  N  T  U  I  S  J  O  N  K  B  L  F  O  F  Q
O  P  P  F  I  N  N  S  O  M  I  P  H  E  E  C
V  I  T  A  L  I  T  E  T  T  L  M  H  B  R  G
W  W  B  X  K  A  Q  B  M  P  D  Y  B  R  D  O
T  F  Y  T  G  Y  F  E  S  G  E  L  U  F  I  F
N  Y  L  I  D  E  E  R  F  H  U  H  Z  W  G  Ø
K  K  K  Y  R  T  N  N  I  A  H  X  B  Y  H  L
L  R  N  N  T  E  T  I  S  N  E  T  N  I  E  E
A  I  P  C  Q  V  Q  U  U  T  G  W  X  L  T  L
R  E  S  L  E  L  Ø  F  K  T  V  R  F  A  V  S
H  R  B  A  K  S  I  R  E  N  T  S  N  U  K  E
E  K  S  I  T  A  M  A  R  D  A  R  T  Y  F  N
T  U  H  R  E  N  O  J  S  I  V  B  Y  L  X  R
F  G  C  Y  E  N  A  T  N  O  P  S  V  K  U  S
O  F  O  V  H  Q  Y  F  X  Y  F  X  X  H  K  N
A  U  T  E  N  T  I  S  I  T  E  T  U  P  M  D
```

KUNSTNERISK	BILDE
AUTENTISITET	FANTASI
KLARHET	INNTRYKK
DRAMATISK	INTENSITET
FØLELSER	INTUISJON
SPONTAN	OPPFINNSOM
UTTRYKK	FØLELSE
FLYT	VISJONER
FERDIGHET	VITALITET
IDEER	

84 - Filantropía

```
G  R  U  P  P  E  R  E  M  M  A  R  G  O  R  P
M  E  N  N  E  S  K  E  H  E  T  L  H  A  A  V
G  U  N  H  G  X  L  K  O  N  T  A  K  T  E  R
A  J  Y  C  I  Q  O  Q  W  T  R  B  T  K  I  D
V  D  S  C  L  U  F  W  F  E  C  O  F  T  R  Z
M  E  O  T  T  P  B  J  I  V  S  L  C  T  O  K
I  N  Z  N  N  O  M  J  N  B  E  G  N  R  T  E
L  M  F  O  E  Æ  P  B  A  A  H  J  L  E  S  T
D  K  E  J  F  R  R  O  N  R  A  J  X  N  I  I
H  M  S  S  F  E  E  L  S  N  O  O  D  G  H  S
E  T  O  I  O  L  G  Y  I  N  U  I  Y  E  M  R
T  S  L  M  O  D  G  N  U  G  A  Z  A  U  C  O
M  B  S  O  W  I  Q  C  C  R  H  Y  G  U  T  D
M  Y  L  E  X  M  X  Y  I  K  H  E  M  J  J  V
N  Å  S  A  M  F  U  N  N  E  T  U  T  W  T  D
M  W  L  V  E  L  D  E  D  I  G  H  E  T  G  Y
```

VELDEDIGHET	HISTORIE
SAMFUNNET	ÆRLIGHET
KONTAKTER	MENNESKEHET
DONERE	UNGDOM
FINANS	MÅL
MIDLER	MISJON
GAVMILDHET	TRENGE
FOLK	BARN
GLOBAL	PROGRAMMER
GRUPPER	OFFENTLIG

85 - Clima

```
T V V P E D T G Z N T L D J D Q
E K R Ø T G T D H M C I H P Y O
M Z M F R Y T L K K C W C N Y N
P R I D O F X Ø E B V U T Å K E
E S D S P R R Y R S D N U S S D
R L K O I W G Y Æ R I I P D H R
A S H D S S F K F M O N S U N O
T L A Q K G F Z S R U A U I M T
U T O R N A D O O O C K D R R A
R F L O M M N M M T P R H L Z B
S N K B R U I P T S P O B M W K
X Q E D Q N V O A M I L K Q V A
T Z E T S F L L B P E V C W X L
A O F P G L Y A M M R J E N L E
H I M M E L N R D R X R P F Y L
I Z I Q T W R T U T A C V J M A
```

ATMOSFÆRE
BRIS
HIMMEL
KLIMA
IS
ORKAN
FLOM
MONSUN
TÅKE
SKY

POLAR
LYN
TØRR
TØRKE
TEMPERATUR
STORM
TORNADO
TROPISK
TORDEN
VIND

86 - Comida #2

```
N Y T F D Q N I W Q J K M R Y H
J H O K G I C W M Q U S D Y I B
E V U W G V U B T X X O J X C A
K Y L L I N G S D H C L K K K U
Y V D E U R D C Ø C S S T P B B
I Q P D Y V F X R D H I E G G E
R M K N H J F S B Æ I K L H P R
P U U A N V D R J U F K P T Q G
R I S M A L E D O O Y E E K G I
S E L L E R I T S O K A G W K N
F W K I W I O A E L B O W N J E
Y O G H U R T M L U A K L N I F
G U X E P K K O J S I T R A S M
L G S U P F C T W U F E L N D U
K I R S E B Æ R L K X N L A T E
T N O J A T Y R C U Y F U B Y O
```

ARTISJOKK	KIWI
MANDEL	EPLE
SELLERI	BRØD
RIS	BANAN
AUBERGINE	KYLLING
KIRSEBÆR	OST
SJOKOLADE	TOMAT
SOLSIKKE	HVETE
EGG	DRUE
INGEFÆR	YOGHURT

87 - Arte

```
G  B  Q  X  M  P  V  E  K  C  T  Z  B  G  A  L
J  X  Q  T  U  O  K  N  A  O  B  A  G  N  P  A
P  F  R  J  Q  Y  P  N  B  Y  M  U  K  I  G  W
C  V  P  X  I  S  Y  O  J  H  I  P  H  N  Y  A
S  U  R  R  E  A  L  I  S  M  E  P  L  T  L  E
V  M  Ø  P  O  E  S  I  X  X  A  E  I  E  V  Q
I  A  M  E  M  N  E  B  L  V  K  R  N  S  K  Y
S  L  U  S  S  Y  M  B  O  L  E  S  S  N  V  S
U  E  H  M  K  E  N  K  E  L  R  O  P  E  R  E
E  R  K  N  F  U  O  P  K  T  A  N  I  M  Q  P
L  I  T  M  J  I  L  V  F  J  M  L  R  M  W  Æ
L  E  L  N  A  P  G  P  O  H  I  I  E  A  Z  R
E  R  D  L  I  K  S  U  T  Y  S  G  R  S  K  L
O  R  I  G  I  N  A  L  R  U  K  C  T  T  F  I
S  K  A  P  E  D  V  K  Z  M  R  G  H  U  I  G
R  V  U  X  U  T  T  R  Y  K  K  U  Q  J  L  C
```

KERAMISK	ORIGINAL
KOMPLEKS	PERSONLIG
SAMMENSETNING	MALERIER
SKAPE	POESI
SKULPTUR	SKILDRE
UTTRYKK	ENKEL
FIGUR	SYMBOL
ÆRLIG	SURREALISME
HUMØR	EMNE
INSPIRERT	VISUELL

88 - Diplomacia

```
S  T  R  A  K  T  A  T  R  P  W  G  V  D  C  Z
A  I  U  W  F  P  I  W  G  Å  H  E  S  K  G  P
M  P  K  T  Z  G  T  Z  K  V  D  E  L  K  R  A
B  O  Å  K  T  N  I  K  W  S  O  G  O  U  H  U
A  L  R  X  E  I  M  V  O  B  T  H  I  D  U  C
S  I  P  I  V  R  L  Ø  S  N  I  N  G  V  R  R
S  T  S  G  E  E  H  N  Q  R  T  P  K  M  E  O
A  I  S  F  D  J  T  E  N  N  U  F  M  A  S  R
D  K  E  A  T  G  X  R  T  K  I  L  F  N  O  K
Ø  K  Z  K  A  E  I  N  T  E  G  R  I  T  E  T
R  H  Y  M  K  R  A  M  B  A  S  S  A  D  E  Z
H  U  M  A  N  I  T  Æ  R  F  V  B  Z  C  G  T
O  I  P  E  Q  B  T  S  A  M  A  R  B  E  I  D
B  B  F  B  C  L  D  E  M  M  E  R  F  G  R  H
E  O  F  D  I  P  L  O  M  A  T  I  S  K  H  L
R  E  T  T  F  E  R  D  I  G  H  E  T  V  K  S
```

RÅDGIVER
SAMFUNNET
KONFLIKT
SAMARBEID
DIPLOMATISK
AMBASSADE
AMBASSADØR
FREMMED
ETIKK
REGJERING

HUMANITÆR
SPRÅK
INTEGRITET
RETTFERDIGHET
POLITIKK
VEDTAK
SIKKERHET
LØSNING
TRAKTAT

89 - Herbористería

```
O K K Z B A T D U X P V V R A P
F V N O G A R T S E W L L I D A
E A N S R M S T F E W I A S N D
N L Ø C W U B I V L Y P A N K V
N I R K N T J U L L D U V E T D
I T G I L X L K C I J N C I O E
K E O G S B R U T S K J T D U T
E T K S I T A M O R A U P E Y N
L R Ø B L O M S T E W V M R Z Y
L R L S M A K B S P S Q Y G L M
C Q T K U L I N A R I S K N N N
O N I R A M S O R R N R T I P P
L A V E N D E L U H O B A L O L
G V H G M E Z H T L P B B I Q F
Z R N A R F A S M A R J O R A M
F G U H T L G X U I L G R Z J B
```

HVITLØK	INGREDIENS
BASILIKUM	HAGE
AROMATISK	LAVENDEL
SAFRAN	MARJORAM
KVALITET	MYNTE
KULINARISK	PERSILLE
DILL	PLANTE
ESTRAGON	ROSMARIN
BLOMST	SMAK
FENNIKEL	GRØNN

90 - Energía

```
Y L Z J A O F Y N Z C B N F Y I
H Y D R O G E N K D O E W O C N
G M N X O E K A F A O N M R E D
A Q I W V A R M E M T S F U N U
N B V R O I O Æ Y P B I Y R T S
F F K S I R T K E L E N R E R T
O Q Y U E E O F O L O S A N O R
R J D Y E T M O K E K M T S P I
N I B R U T K T L S S U X I I V
Y O M G S A D O Z N N Q N N L A
B I B F A B I N V E S S O G R Q
A N O R T K E L E R N P Y X O D
R H K J A K S M C B F Y I X D D
V Q X R Q K E S B X E D B L H S
B E M C T C L F X T X F Y N J D
J Q C K K S F Z X R C E Y M Z G
```

BATTERI	BENSIN
VARME	HYDROGEN
KARBON	INDUSTRI
BRENSEL	MOTOR
FORURENSING	NUKLEÆR
DIESEL	FORNYBAR
ELEKTRON	SOL
ELEKTRISK	TURBIN
ENTROPI	DAMP
FOTON	VIND

91 - Especias

```
O  C  R  I  F  Z  A  F  H  H  A  B  M  N  B  R
Z  T  O  C  P  N  F  E  D  D  N  D  Y  P  I  E
G  W  C  J  M  Y  C  T  I  K  I  Q  A  E  T  G
L  Ø  K  S  U  R  K  V  I  K  S  E  S  P  T  U
K  M  O  O  V  F  A  A  Z  F  Ø  J  A  P  E  O
T  A  V  X  L  E  M  P  N  D  X  L  L  E  R  L
Y  K  R  Q  K  N  S  A  K  E  I  I  T  R  N  V
O  J  E  R  N  N  I  P  D  C  L  N  A  I  D  G
S  Z  S  D  I  I  R  R  K  B  Y  A  K  B  V  C
Y  M  V  F  N  K  K  I  N  V  U  V  S  E  D  H
E  J  I  N  A  E  A  K  I  A  G  T  U  W  Z  W
S  K  R  S  R  L  L  A  J  S  Ø  T  M  N  O  Z
I  N  G  E  F  Æ  R  N  S  I  C  E  J  C  Y  V
F  P  F  H  A  I  A  A  O  C  E  J  S  T  W  B
S  P  I  S  S  K  U  M  M  E  N  X  O  B  U  Q
F  J  A  R  J  Y  Z  T  D  Z  S  X  V  C  H  L
```

SUR	SØT
HVITLØK	FENNIKEL
BITTER	INGEFÆR
ANIS	MUSKAT
SAFRAN	PAPRIKA
KANEL	PEPPER
LØK	LAKRIS
FEDD	SMAK
SPISSKUMMEN	SALT
KARRI	VANILJE

92 - Emociones

```
G  H  F  L  A  U  D  V  Y  K  M  Q  X  T  A  B
L  O  K  O  X  T  G  E  F  O  R  N  Ø  Y  D  O
E  V  R  N  T  E  Z  N  R  A  E  Q  B  Q  S  B
D  E  K  A  E  H  N  N  M  F  T  O  U  V  E  T
E  R  H  T  P  G  Q  L  L  E  T  T  E  L  S  E
M  R  F  C  P  I  H  I  J  O  Y  T  J  Y  R  H
S  A  S  X  A  L  P  G  U  S  Z  L  E  H  X  G
I  S  A  M  L  R  D  H  L  A  I  P  X  X  H  I
G  K  M  Q  S  Æ  T  E  N  J  O  N  T  Z  K  L
R  E  X  E  V  J  S  T  E  H  M  Ø  N  Y  S  A
O  L  E  T  A  K  K  N  E  M  L  I  G  E  Y  S
N  S  K  J  E  D  S  O  M  H  E  T  I  A  M  K
E  E  F  R  Y  K  T  I  N  N  H  O  L  D  P  K
S  M  F  Z  V  F  Z  W  I  O  H  E  O  Q  A  Y
N  A  M  O  J  W  T  E  H  T  S  I  R  T  T  L
Z  E  S  M  R  H  E  J  O  O  Z  Y  Z  X  I  B
```

KJEDSOMHET	SINNE
TAKKNEMLIG	FRYKT
GLEDE	FRED
LETTELSE	AVSLAPPET
KJÆRLIGHET	FORNØYD
FLAU	SYMPATI
LYKKSALIGHET	OVERRASKELSE
VENNLIGHET	ØMHET
ROLIG	RO
INNHOLD	TRISTHET

93 - Universo

```
J  M  Ø  R  K  E  N  A  B  O  N  C  O  H  C  N
Q  D  I  W  A  O  V  Z  Q  Y  X  A  L  A  G  S
E  I  I  R  P  L  R  F  D  K  J  Q  P  L  I  Y
V  Q  E  V  V  M  O  V  H  Q  J  R  O  V  L  E
K  D  H  Y  W  L  Y  S  V  Q  F  P  K  K  N  Q
S  O  L  V  E  R  V  D  F  F  S  P  S  U  Y  I
I  Y  E  Z  T  N  O  S  I  R  O  H  E  L  S  A
M  I  M  O  N  O  R  T  S  A  G  D  L  E  A  S
S  O  H  I  M  M  E  L  A  M  Å  N  E  B  T  T
O  H  I  M  M  E  L  S  K  V  Z  Y  T  S  M  R
K  A  S  T  E  R  O  I  D  E  K  X  J  N  O  O
O  G  O  D  A  R  G  E  D  G  N  E  L  Z  S  N
X  Q  L  L  X  E  L  A  C  Q  W  O  F  F  F  O
O  Y  N  K  F  D  Y  A  J  I  K  Y  M  M  Æ  M
K  E  L  H  J  L  D  A  R  G  E  D  D  E  R  B
B  O  O  H  X  W  M  N  C  Y  B  E  E  W  E  V
```

ASTEROIDE	HORISONT
ASTRONOMI	BREDDEGRAD
ASTRONOM	LENGDEGRAD
ATMOSFÆRE	MÅNE
HIMMELSK	MØRKE
HIMMEL	BANE
KOSMISK	SOLAR
EKVATOR	SOLVERV
GALAXY	TELESKOP
HALVKULE	SYNLIG

94 - Jazz

```
O  S  A  M  M  E  N  S  E  T  N  I  N  G  L  T
T  R  E  G  N  A  J  S  K  R  C  E  L  U  R  E
P  X  K  Y  E  G  W  M  Q  N  X  R  C  G  P  K
H  Q  R  E  H  V  V  L  D  R  L  G  V  O  Z  N
N  N  O  J  S  A  S  I  V  O  R  P  M  I  X  I
S  T  I  S  N  T  K  T  T  J  Z  O  U  R  K  K
S  H  N  Z  U  G  E  S  K  E  J  F  F  E  O  K
J  A  U  H  S  Z  X  R  E  M  M  O  R  T  M  T
C  G  N  R  K  M  K  O  N  S  E  R  T  T  P  A
A  A  O  G  M  U  K  Z  Z  Y  Y  M  B  I  O  L
R  M  K  M  U  B  N  V  E  K  T  N  K  R  N  E
Y  M  D  J  S  L  G  S  B  V  M  H  X  O  I  N
T  E  W  T  I  A  H  V  T  J  Ø  P  U  V  S  T
M  L  N  B  K  W  G  V  Y  N  R  P  X  A  T  W
E  O  D  G  K  I  Z  I  G  V  E  H  E  F  N  D
M  W  K  X  J  G  N  H  Z  C  B  R  Q  V  Y  F
```

KUNSTNER	SJANGER
ALBUM	IMPROVISASJON
SANG	MUSIKK
SAMMENSETNING	NY
KOMPONIST	ORKESTER
KONSERT	RYTME
STIL	TALENT
VEKT	TROMMER
BERØMT	TEKNIKK
FAVORITTER	GAMMEL

95 - Mediciones

```
S C T Q X M B L I T E R K V N E
X G O E P E S N U B T T I E O O
A K M J W T I Q N M Y G L K O X
M F M J U E J M I O B W O T Q N
G I E A N R D F C L T L M A R G
H S N J F I E I S I P G E F S W
J Ø U U Z P S C Q K I A T T F R
T I Y K T N I J U M B L E R S N
S K O D C T M U L O V S R N C G
V C M A E P A E Z K V M A S S E
V C F R D V L K I B H E D B Y D
K J U G G C E N T I M E T E R D
F T Z Z N S C N N C D F S B Y E
V M Q Y E O I Y O I H G Y G P R
R N C E L J F B M C P U T Y F B
J L S B Z P Q Q Y L N L X Q W R
```

HØYDE	LENGDE
BREDDE	MASSE
BYTE	METER
CENTIMETER	MINUTT
DESIMAL	UNSE
GRAD	VEKT
GRAM	DYBDE
KILO	TOMME
KILOMETER	TONN
LITER	VOLUM

96 - Barcos

```
W F W K A N O U D B L T M A V T
J O F W K J Q L O X J I O N C C
O V X Y K P Z P C I M D T K G Y
G E P W K A O X E K Z E O E J A
S J Ø M A N N V H A V V R R W Y
Y A C H T T S A M L J A H T O X
Y Q O L P C Å U S S P N F E G K
B M U Y J S P B D I Z N A K I A
Z H F N J M T D L G H M R B H J
I N N S J Ø V K S I T U A N L A
B Ø L G E R D L E J E Y Ø B J K
M A R I T I M M A N N S K A P K
P S X W Å O E S N G O X O F E M
C Z E D L P L I Q C Y H G I K V
T A U Q F F V P Y C P L Z B G T
F E R J E O U I O S F Q H E Z B
```

ANKER
FLÅTE
BØYE
KANO
TAU
FERJE
KAJAKK
INNSJØ
HAV
TIDEVANN

SJØMANN
MARITIM
MAST
MOTOR
NAUTISK
BØLGER
ELV
MANNSKAP
SEILBÅT
YACHT

97 - Antártida

```
A H T O P O G R A F I E C G M K
V I T E N S K A P E L I G T I Y
Ø Y E R T I S B U K T U F B N O
N Ø Z E Y E G K B U M R C B E E
W V T K H Y M S Y R X Q X F R K
S L I S A M N P T E V A N N A S
D A B R T Y Y B E E R I F L L P
Z H P O Y Q C R T R I J I Q E E
E I P F D T U F N B A N V C R D
X V K D O K S P E S U T E F X I
M I G R A S J O N I H J U T T S
T N I V W A F H I J R C Y R E J
B E V A R I N G T V A A S N C O
L R E G F G R E N I V G N I P N
L U M I F A R G O E G Z B V E G
F U G L E R R A K C I Z S L I L
```

VANN
BUKT
VITENSKAPELIG
BEVARING
KONTINENT
EKSPEDISJON
GEOGRAFI
ISBREER
IS
FORSKER

ØYER
MIGRASJON
MINERALER
SKYER
FUGLER
HALVØY
PINGVINER
STEINETE
TEMPERATUR
TOPOGRAFI

98 - Mamíferos

```
K E N G U R U E S K O O C Q U R
C P I M G X H L T J S F P Z M D
B A N T S V E E O B I F Y P U T
T T A K X H S F V Y F R H V A L
P A K V W V T A D Y U F A M P R
G O R I L L A N I F L E D F M E
W G P E P U F T E L P K T S F V
B A L A G E O I G X O M W C P U
E J M A Q I S E B R A K P W Q G
N S Ø F R R W S J M M A D H D E
H I E R P Æ H G K R Q M R F B G
S A U L N R T Q S H P E V J W T
E I B K F P R I N U T L L E J R
K Q F Z S H M D A N Z J X A X O
E W T U D G W P H D M X W X T J
U L V J N X Z A W Z N L P O F E
```

HVAL	KATT
ESEL	GORILLA
HEST	SJIRAFF
KAMEL	ULV
KENGURU	APE
SEBRA	BJØRN
KANIN	SAU
PRÆRIEULV	HUND
DELFIN	OKSE
ELEFANT	REV

99 - Abejas

```
E  P  W  J  D  N  J  H  G  P  P  I  H  L  B  Ø
J  V  O  H  O  I  A  U  O  I  N  S  E  K  T  K
O  Z  G  L  K  D  J  X  V  N  E  L  L  O  P  O
L  Z  L  M  L  D  G  I  T  S  N  U  G  C  D  S
P  Y  K  I  K  I  M  I  V  I  I  I  P  I  R  Y
P  D  L  O  F  G  N  A  M  L  G  Y  N  K  O  S
P  L  A  N  T  E  R  A  T  W  D  K  V  G  N  T
K  C  R  B  S  O  W  S  T  F  R  U  K  T  N  E
Q  E  Ø  L  O  S  K  O  V  O  B  G  D  E  I  M
T  R  Y  O  H  V  P  R  F  T  R  Q  S  S  N  Y
T  X  K  M  E  E  G  A  H  V  E  H  N  S  G  Z
I  E  N  S  V  R  K  C  P  I  G  H  C  W  H  O
Y  E  R  T  S  M  O  L  B  Z  N  C  E  Z  H  L
G  R  V  E  B  U  K  I  B  F  I  H  R  H  Y  J
G  G  Y  R  T  R  N  A  O  M  V  R  T  T  R  F
F  F  T  T  C  W  W  Z  S  X  Z  S  B  A  J  B
```

VINGER	FRUKT
GUNSTIG	RØYK
VOKS	INSEKT
BIKUBE	HAGE
MAT	HONNING
MANGFOLD	PLANTER
ØKOSYSTEM	POLLEN
SVERM	POLLINATOR
BLOMSTRE	DRONNING
BLOMSTER	SOL

100 - Psicología

```
S  S  Ø  L  T  S  S  I  V  E  B  L  Y  Y  I  P
N  X  A  K  C  J  U  D  U  X  S  O  B  U  D  R
H  H  G  O  P  Z  U  E  K  M  X  C  I  I  H  O
D  O  L  N  D  U  T  E  K  I  P  X  T  P  R  B
G  K  E  F  R  B  S  R  D  R  Ø  M  M  E  R  L
G  E  S  L  E  L  Ø  F  W  A  H  I  N  I  X  E
E  R  I  K  K  O  G  N  I  S  J  O  N  C  M
O  R  Ø  K  N  V  U  R  D  E  R  I  N  G  K  B
U  F  F  T  A  I  Q  R  B  Q  I  M  E  A  N  A
A  Ø  P  A  T  J  L  F  E  F  L  V  S  N  T  R
V  L  P  Q  R  S  T  K  D  G  Q  X  C  B  W  N
T  E  O  T  G  I  Y  T  D  G  O  W  N  H  H  D
A  L  R  R  P  G  N  I  N  T  A  F  P  P  O  O
L  S  T  R  T  E  H  G  I  L  E  K  R  I  V  M
E  E  D  A  V  G  Q  H  E  T  E  R  A  P  I  E
S  R  D  N  N  I  W  E  W  R  S  G  E  I  V  J
```

AVTALE
KLINISK
KOGNISJON
OPPFØRSEL
KONFLIKT
EGO
FØLELSER
VURDERING
ERFARINGER
IDEER

BEVISSTLØS
BARNDOM
TANKER
OPPFATNING
PROBLEM
VIRKELIGHET
FØLELSE
DRØMMER
TERAPI

1 - Agua

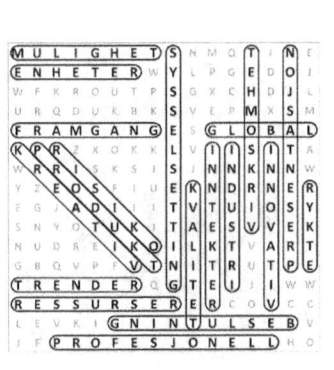

2 - Arqueología

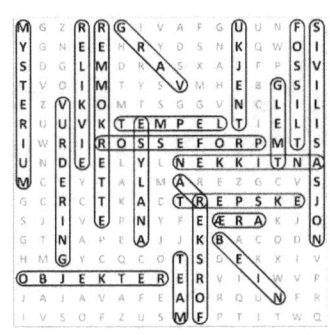

3 - Granja #2

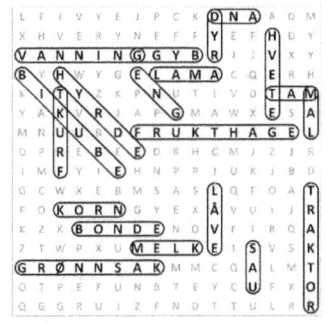

4 - La Empresa

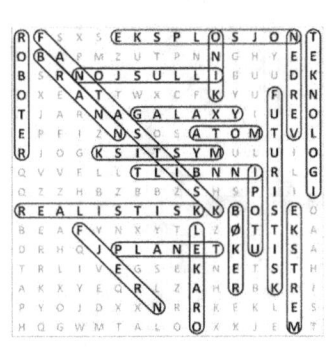

5 - Aviones

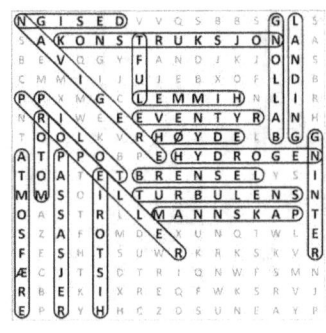

6 - Tipos de Cabello

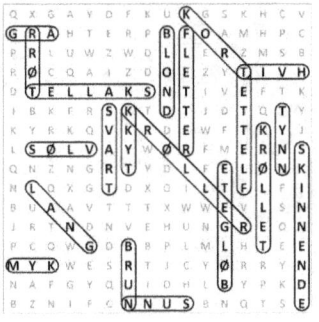

7 - Ciencia Ficción

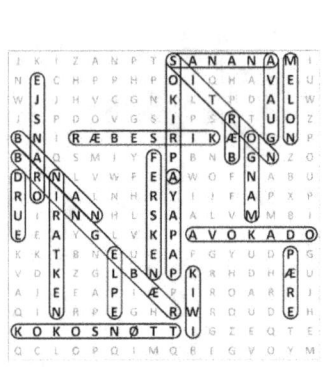

8 - Granja #1

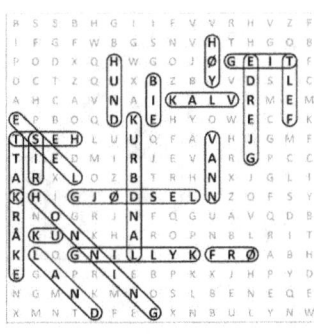

9 - Camping

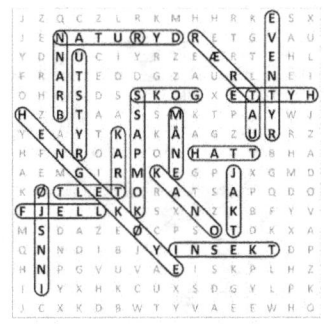

10 - Fruta

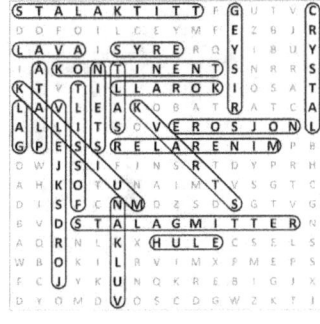

11 - Geología

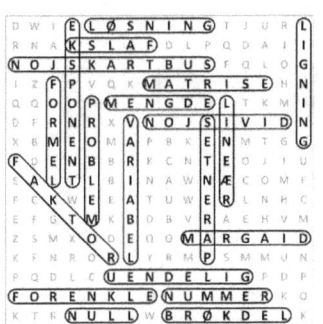

12 - Álgebra

13 - Plantas

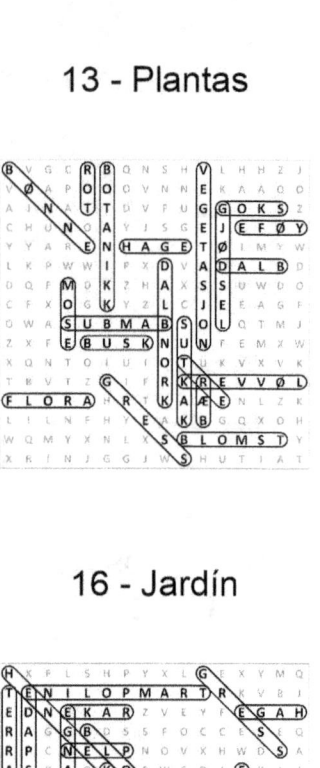

14 - Suministros de Arte

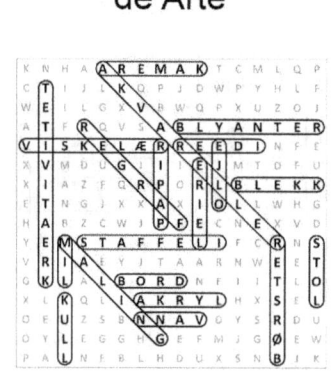

15 - Negocio

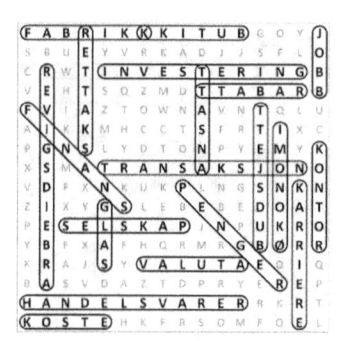

16 - Jardín

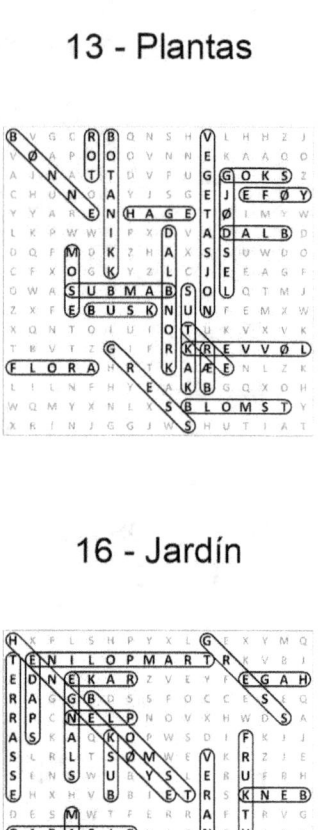

17 - Países #2

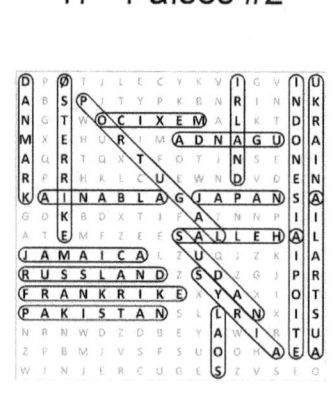

18 - Números

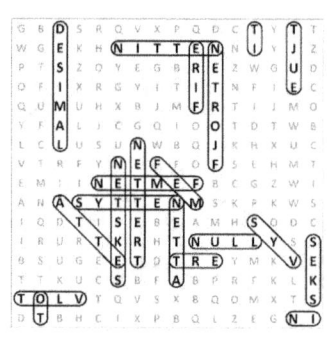

19 - Física

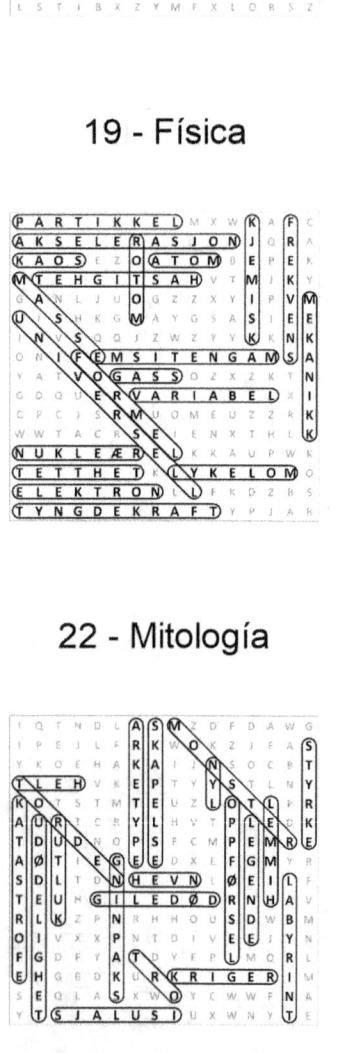

20 - Belleza

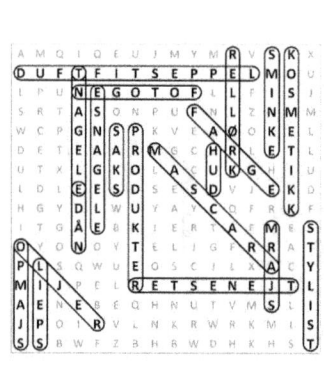

21 - Países #1

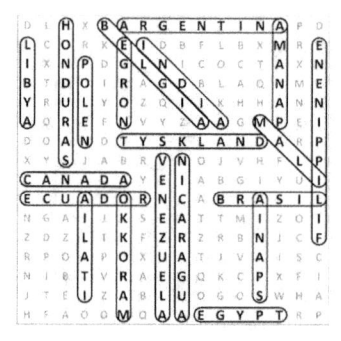

22 - Mitología

23 - Ecología

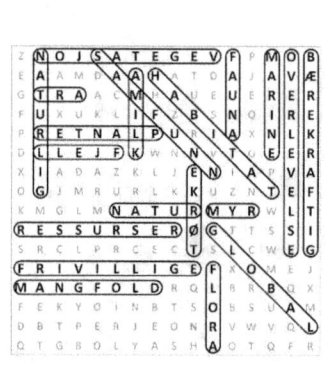

24 - Casa

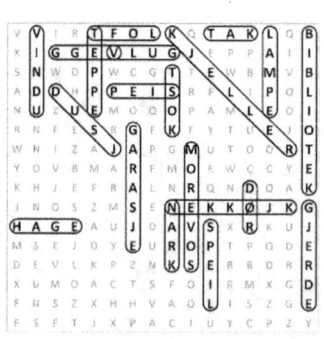

25 - Artes Visuales

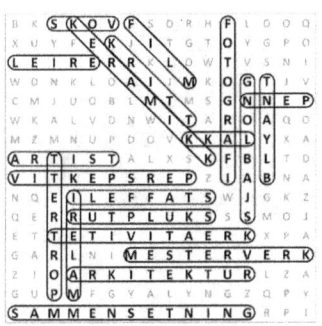

26 - Salud y Bienestar #2

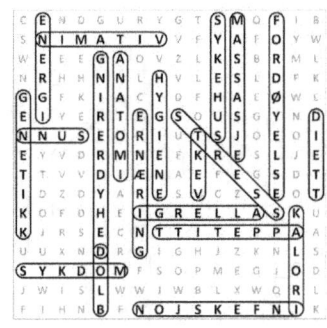

27 - Selva Tropical

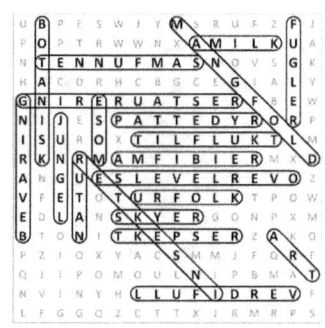

28 - Adjetivos #1

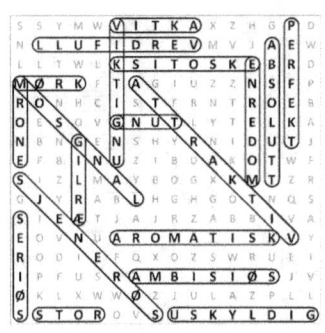

29 - Familia

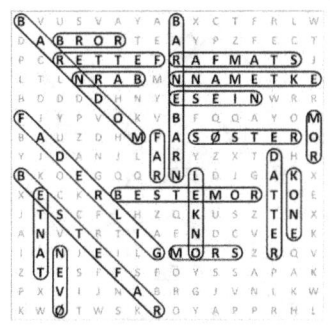

30 - Disciplinas Científicas

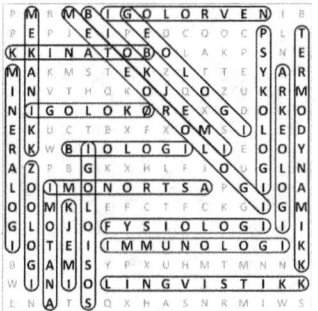

31 - Cocina

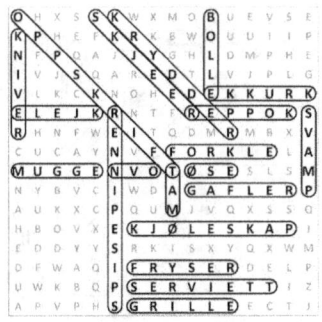

32 - Moda

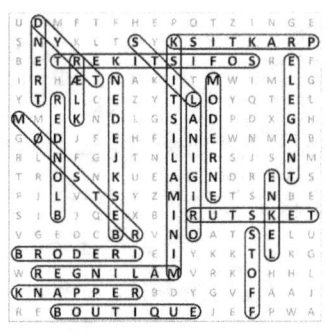

33 - Electricidad

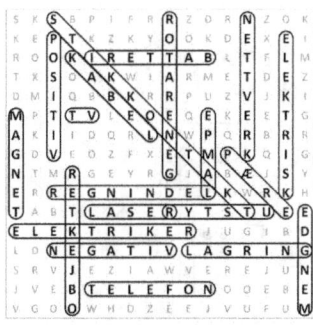

34 - Salud y Bienestar #1

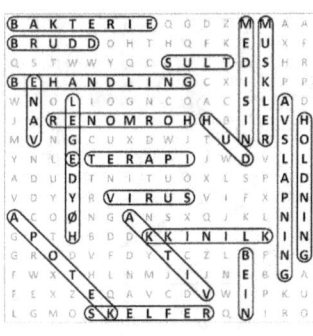

35 - Adjetivos #2

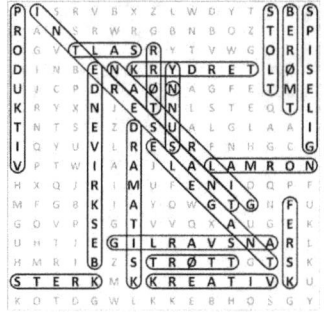

36 - Cuerpo Humano

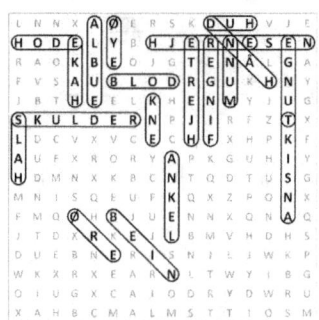

37 - Calentamiento GI

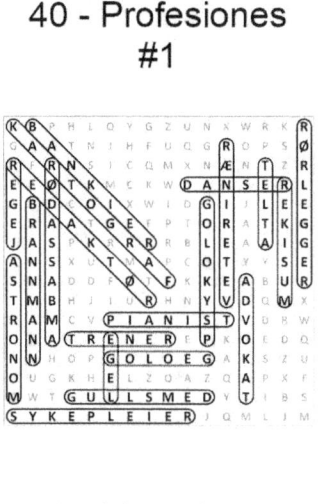

38 - Ciencia

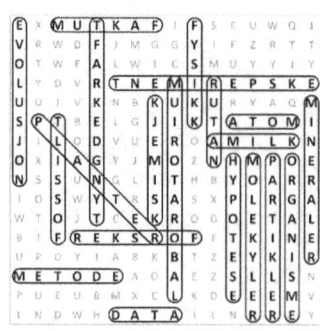

39 - Restaurante #2

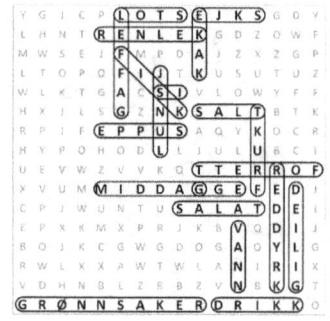

40 - Profesiones #1

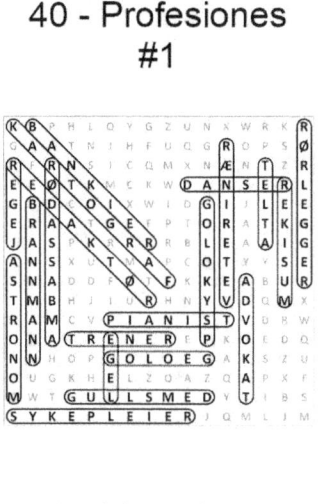

41 - Vehículos

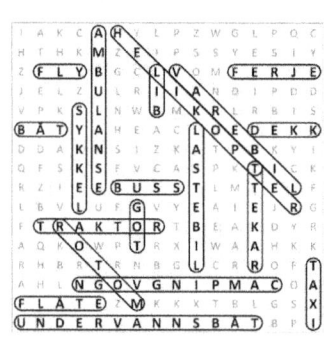

42 - Geometría

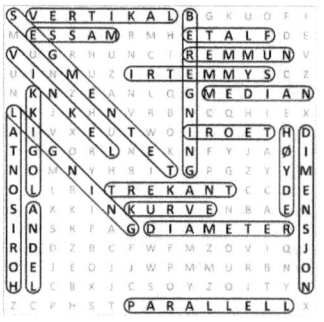

43 - Vacaciones #2

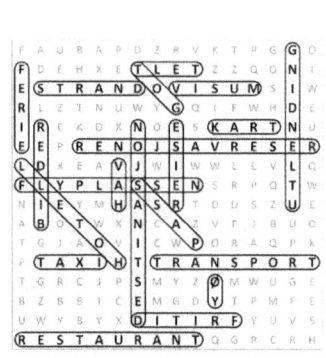

44 - Baile

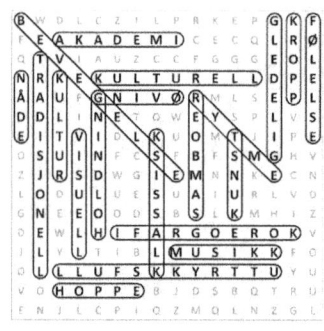

45 - Matemáticas

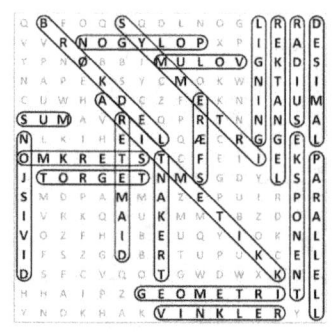

46 - Profesiones #2

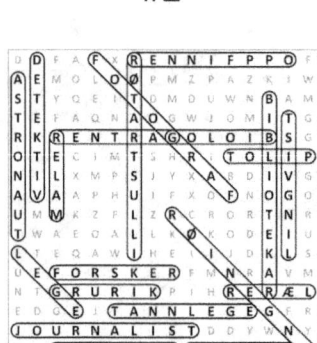

47 - Naturaleza

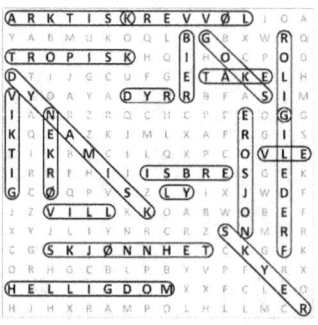

48 - Conduciendo

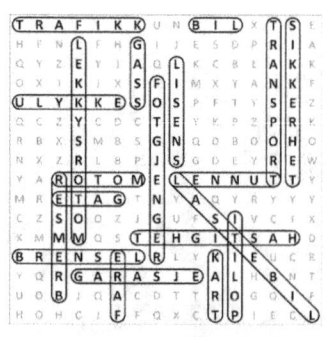

49 - Ballet

50 - Fuerza y Gravedad

51 - Pájaros

52 - Geografía

53 - Música

54 - Enfermedad

55 - Actividades

56 - Verduras

57 - Instrumentos Musicales

58 - Formas

59 - Flores

60 - Astronomía

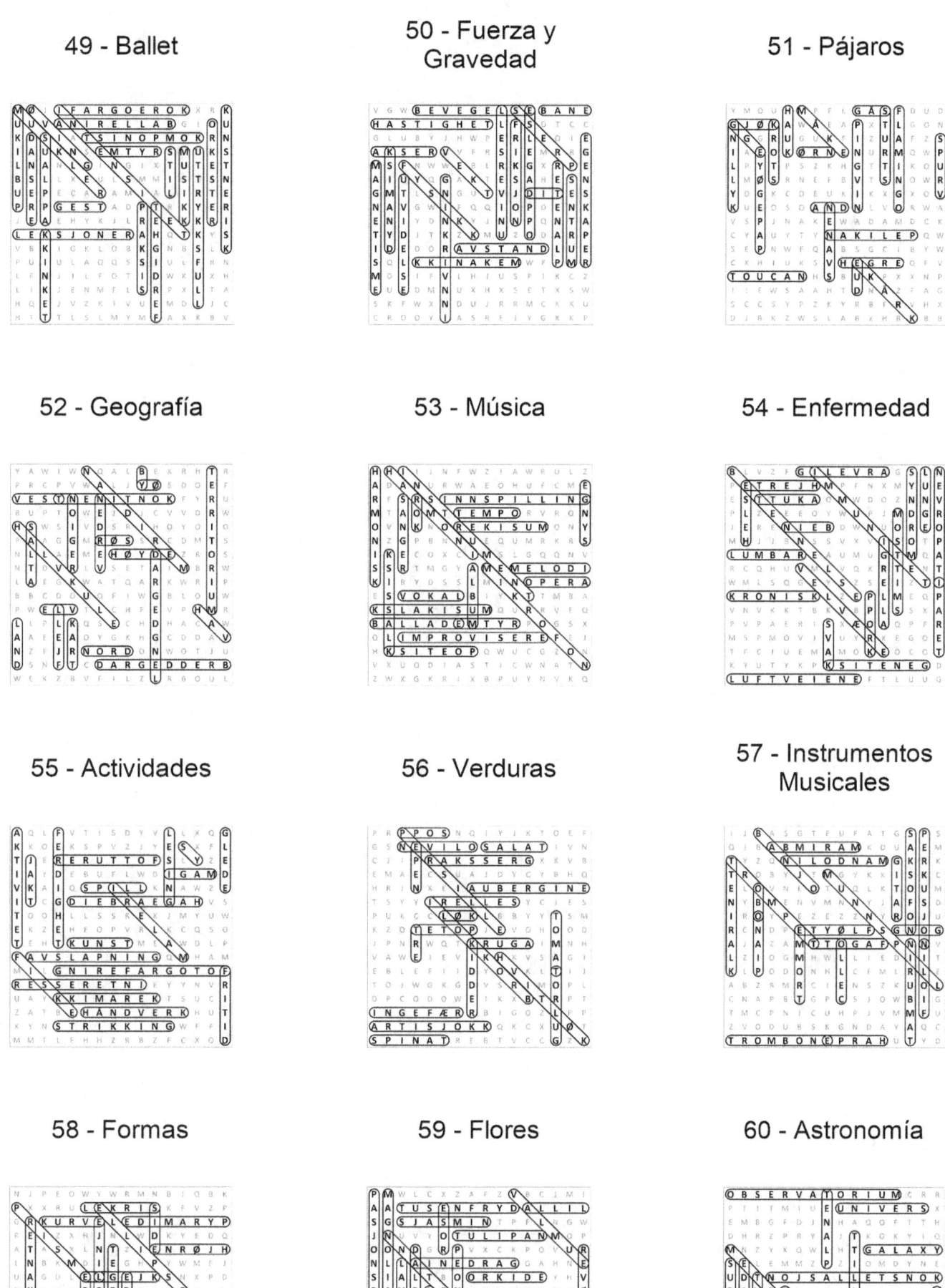

61 - Tiempo

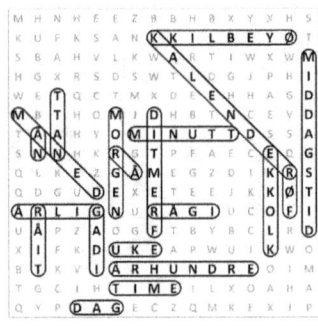

62 - Paisajes

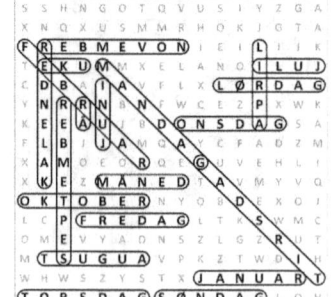

63 - Días y Meses

64 - Biología

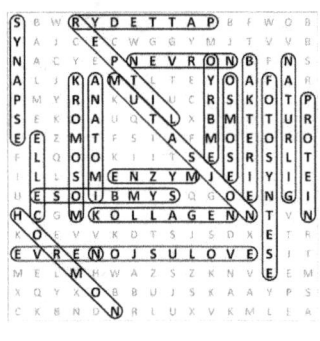

65 - Jardinería

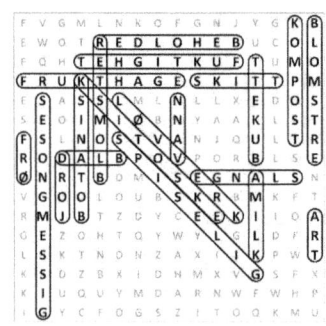

66 - Barbacoas

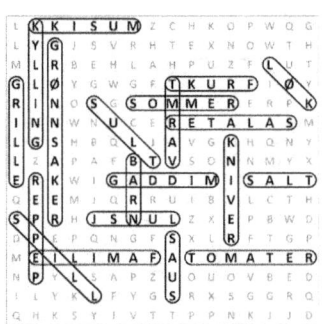

67 - Ropa

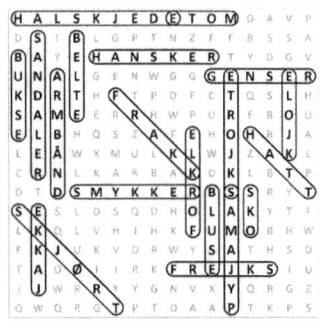

68 - Meditación

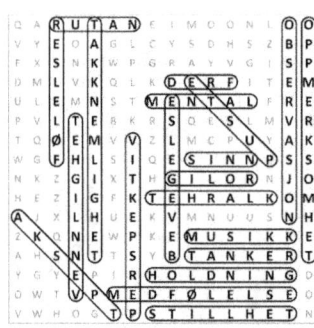

69 - Libros

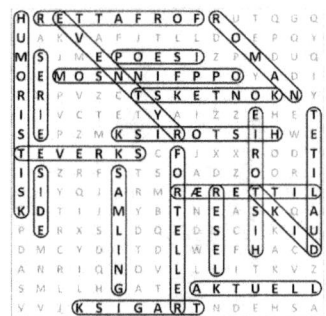

70 - Los Medios de Comunicación

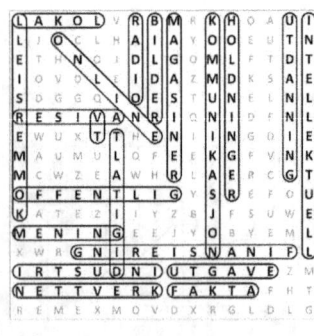

71 - Nutrición

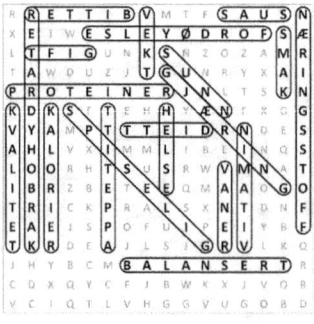

72 - Edificios

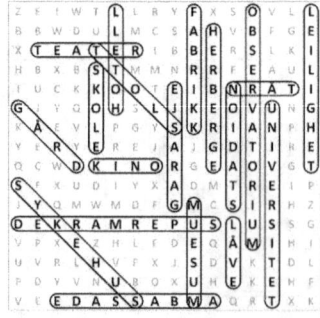

73 - Océano

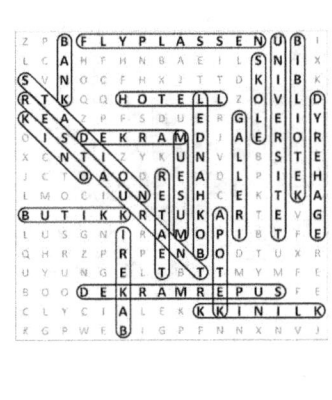

74 - Ciudad

75 - Agronomía

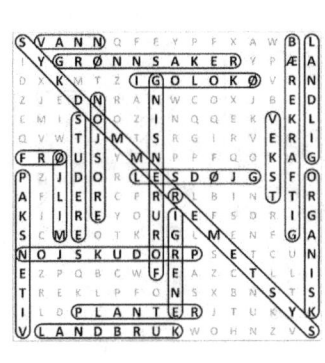

76 - Actividades y Ocio

77 - Ingeniería

78 - Comida #1

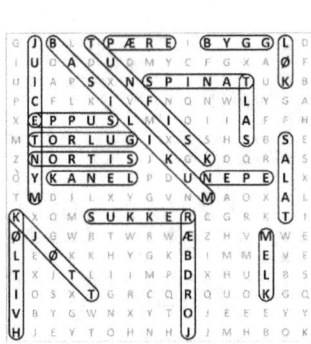

79 - Antigüedades

80 - Literatura

81 - Química

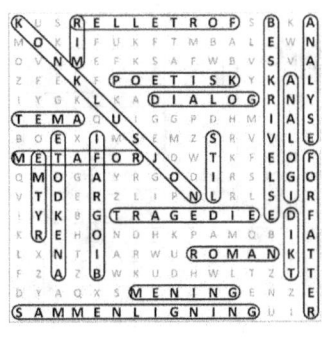
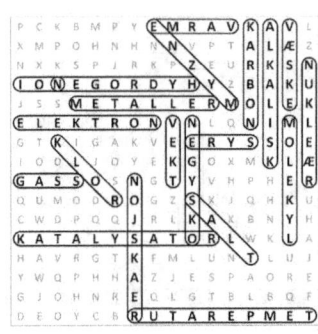

82 - Gobierno

83 - Creatividad

84 - Filantropía

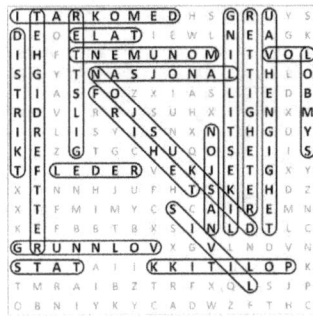
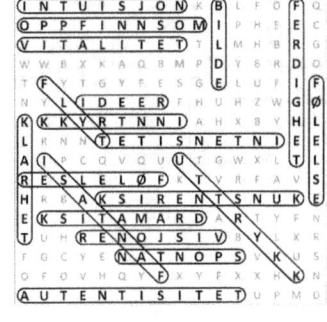
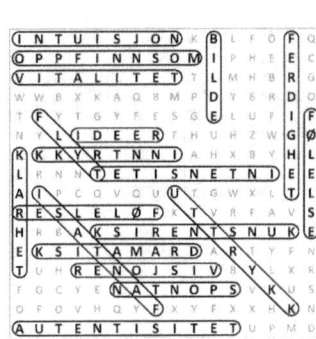

85 - Clima

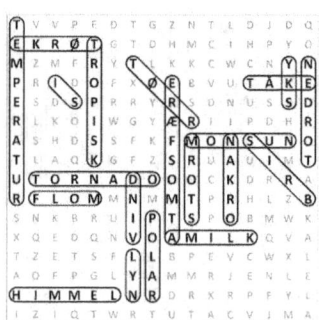

86 - Comida #2

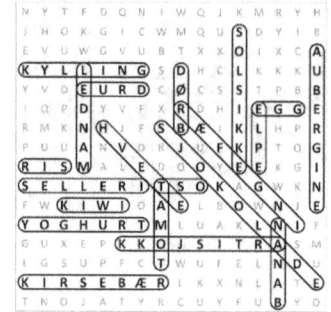

87 - Arte

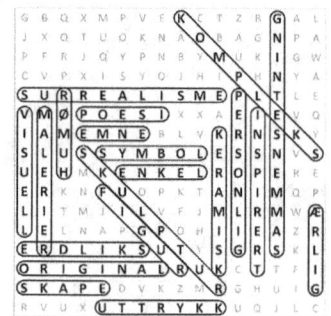

88 - Diplomacia

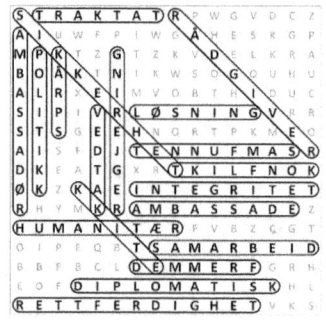

89 - Herboristería

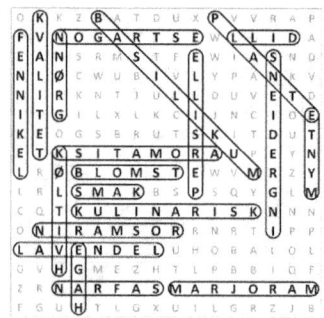

90 - Energía

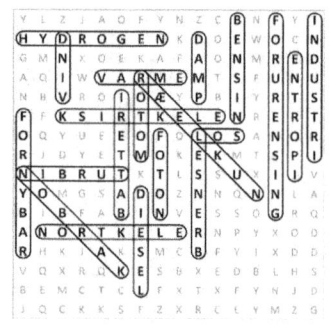

91 - Especias

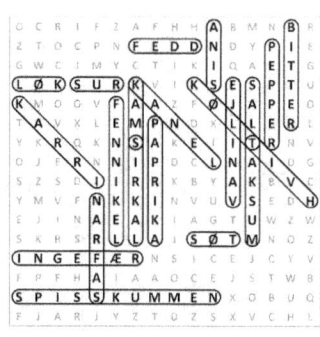

92 - Emociones

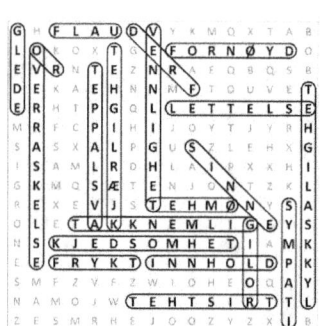

93 - Universo

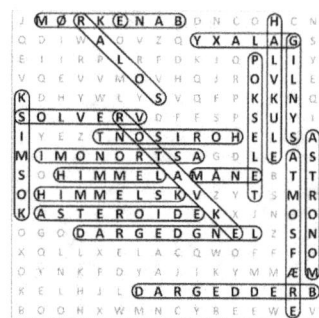

94 - Jazz

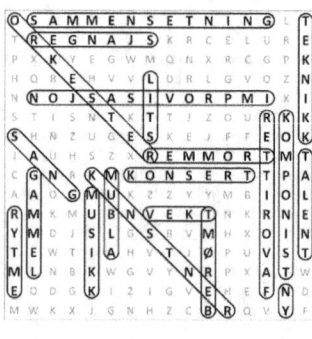

95 - Mediciones

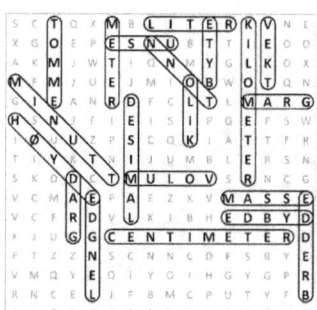

96 - Barcos

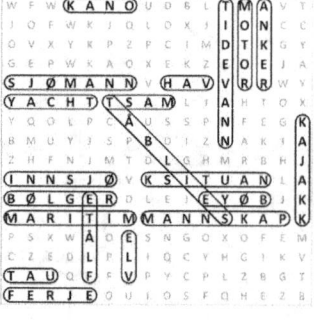

97 - Antártida

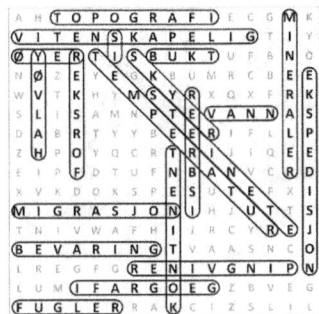

98 - Mamíferos

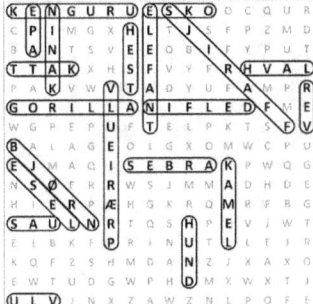

99 - Abejas

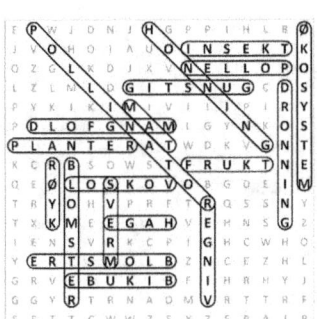

100 - Psicología

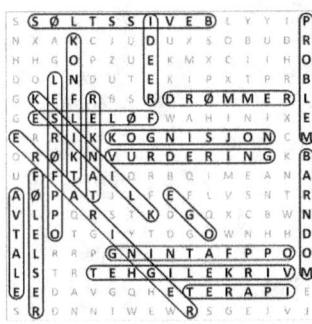

Diccionario

Abejas
Bier

Alas	Vinger
Beneficioso	Gunstig
Cera	Voks
Colmena	Bikube
Comida	Mat
Diversidad	Mangfold
Ecosistema	Økosystem
Enjambre	Sverm
Flor	Blomstre
Flores	Blomster
Fruta	Frukt
Humo	Røyk
Insecto	Insekt
Jardín	Hage
Miel	Honning
Plantas	Planter
Polen	Pollen
Polinizador	Pollinator
Reina	Dronning
Sol	Sol

Actividades
Aktiviteter

Actividad	Aktivitet
Arte	Kunst
Artesanía	Håndverk
Caza	Jakt
Cerámica	Keramikk
Costura	Sy
Fotografía	Fotografering
Habilidad	Ferdighet
Intereses	Interesser
Jardinería	Hagearbeid
Juegos	Spill
Lectura	Lesing
Magia	Magi
Ocio	Fritid
Pesca	Fiske
Pintura	Maleri
Placer	Glede
Relajación	Avslapning
Senderismo	Fotturer
Tejer	Strikking

Actividades y Ocio
Aktiviteter og Fritid

Arte	Kunst
Baloncesto	Basketball
Béisbol	Baseball
Boxeo	Boksing
Buceo	Dykking
Camping	Camping
Compras	Shopping
Fútbol	Fotball
Golf	Golf
Jardinería	Hagearbeid
Natación	Svømming
Pesca	Fiske
Pintura	Maleri
Relajante	Avslappende
Senderismo	Fotturer
Surf	Surfing
Tenis	Tennis
Viaje	Reise
Voleibol	Volleyball

Adjetivos #1
Adjektiver #1

Absoluto	Absolutt
Activo	Aktiv
Ambicioso	Ambisiøs
Aromático	Aromatisk
Atractivo	Attraktiv
Enorme	Enorm
Exótico	Eksotisk
Generoso	Sjenerøs
Grande	Stor
Honesto	Ærlig
Importante	Viktig
Inocente	Uskyldig
Joven	Ung
Lento	Langsom
Moderno	Moderne
Oscuro	Mørk
Perfecto	Perfekt
Pesado	Tung
Serio	Seriøs
Valioso	Verdifull

Adjetivos #2
Adjektiver #2

Cansado	Trøtt
Comestible	Spiselig
Creativo	Kreativ
Descriptivo	Beskrivende
Dramático	Dramatisk
Elegante	Elegant
Famoso	Berømt
Fresco	Fersk
Fuerte	Sterk
Interesante	Interessant
Natural	Naturlig
Normal	Normal
Nuevo	Ny
Orgulloso	Stolt
Picante	Krydret
Productivo	Produktiv
Responsable	Ansvarlig
Salado	Salt
Saludable	Sunn
Seco	Tørr

Agronomía
Agronomi

Agricultura	Landbruk
Agua	Vann
Ciencia	Vitenskap
Contaminación	Forurensing
Crecimiento	Vekst
Ecología	Økologi
Energía	Energi
Enfermedades	Sykdommer
Erosión	Erosjon
Estudio	Studere
Fertilizante	Gjødsel
Medio Ambiente	Miljø
Orgánico	Organisk
Plantas	Planter
Producción	Produksjon
Rural	Landlig
Semillas	Frø
Sistemas	Systemer
Sostenible	Bærekraftig
Verduras	Grønnsaker

Agua
Vann

Canal	Kanal
Ducha	Dusj
Empapado	Gjennomvåt
Evaporación	Fordampning
Géiser	Geysir
Helada	Frost
Hielo	Is
Humedad	Fuktighet
Huracán	Orkan
Húmedo	Fuktig
Inundación	Flom
Lago	Innsjø
Lluvia	Regn
Monzón	Monsun
Nieve	Snø
Océano	Hav
Olas	Bølger
Riego	Vanning
Río	Elv
Vapor	Damp

Antártida
Antarktis

Agua	Vann
Bahía	Bukt
Científico	Vitenskapelig
Conservación	Bevaring
Continente	Kontinent
Expedición	Ekspedisjon
Geografía	Geografi
Glaciares	Isbreer
Hielo	Is
Investigador	Forsker
Islas	Øyer
Migración	Migrasjon
Minerales	Mineraler
Nubes	Skyer
Pájaros	Fugler
Península	Halvøy
Pingüinos	Pingviner
Rocoso	Steinete
Temperatura	Temperatur
Topografía	Topografi

Antigüedades
Antikviteter

Arte	Kunst
Auténtico	Autentisk
Calidad	Kvalitet
Condición	Tilstand
Decorativo	Dekorativ
Elegante	Elegant
Escultura	Skulptur
Estilo	Stil
Galería	Galleri
Inusual	Uvanlig
Inversión	Investering
Joyas	Smykker
Monedas	Mynter
Mueble	Møbler
Precio	Pris
Restauración	Restaurering
Siglo	Århundre
Subasta	Auksjon
Valor	Verdi
Viejo	Gammel

Arqueología
Arkeologi

Análisis	Analyse
Antigüedad	Antikken
Años	År
Civilización	Sivilisasjon
Descendiente	Etterkommer
Desconocido	Ukjent
Equipo	Team
Era	Æra
Evaluación	Vurdering
Experto	Ekspert
Fósil	Fossilt
Huesos	Bein
Investigador	Forsker
Misterio	Mysterium
Objetos	Objekter
Olvidado	Glemt
Profesor	Professor
Reliquia	Relikvie
Templo	Tempel
Tumba	Grav

Arte
Kunst

Cerámica	Keramisk
Complejo	Kompleks
Composición	Sammensetning
Crear	Skape
Escultura	Skulptur
Expresión	Uttrykk
Figura	Figur
Honesto	Ærlig
Humor	Humør
Inspirado	Inspirert
Original	Original
Personal	Personlig
Pinturas	Malerier
Poesía	Poesi
Retratar	Skildre
Sencillo	Enkel
Símbolo	Symbol
Surrealismo	Surrealisme
Tema	Emne
Visual	Visuell

Artes Visuales
Bildende Kunst

Arcilla	Leire
Arquitectura	Arkitektur
Artista	Artist
Barniz	Lakk
Caballete	Staffeli
Cera	Voks
Cerámica	Keramikk
Composición	Sammensetning
Creatividad	Kreativitet
Escultura	Skulptur
Fotografía	Fotografi
Lápiz	Blyant
Obra Maestra	Mesterverk
Película	Film
Perspectiva	Perspektiv
Pintura	Maleri
Plantilla	Sjablong
Pluma	Penn
Retrato	Portrett
Tiza	Kritt

Astronomía
Astronomi

Asteroide	Asteroide
Astronauta	Astronaut
Astrónomo	Astronom
Cielo	Himmel
Cohete	Rakett
Constelación	Konstellasjon
Cosmos	Kosmos
Eclipse	Formørkelse
Equinoccio	Equinox
Galaxia	Galaxy
Luna	Måne
Meteoro	Meteor
Observatorio	Observatorium
Planeta	Planet
Radiación	Stråling
Satélite	Satellitt
Supernova	Supernova
Telescopio	Teleskop
Tierra	Jord
Universo	Univers

Aviones
Fly

Aire	Luft
Altura	Høyde
Aterrizaje	Landing
Atmósfera	Atmosfære
Aventura	Eventyr
Cielo	Himmel
Combustible	Brensel
Construcción	Konstruksjon
Dirección	Retning
Diseño	Design
Globo	Ballong
Hélices	Propeller
Hidrógeno	Hydrogen
Historia	Historie
Motor	Motor
Navegar	Navigere
Pasajero	Passasjer
Piloto	Pilot
Tripulación	Mannskap
Turbulencia	Turbulens

Álgebra
Algebra

Cantidad	Mengde
Cero	Null
Diagrama	Diagram
División	Divisjon
Ecuación	Ligning
Exponente	Eksponent
Factor	Faktor
Falso	Falsk
Fórmula	Formel
Fracción	Brøkdel
Infinito	Uendelig
Lineal	Lineær
Matriz	Matrise
Número	Nummer
Paréntesis	Parentes
Problema	Problem
Resta	Subtraksjon
Simplificar	Forenkle
Solución	Løsning
Variable	Variabel

Baile
Danse

Academia	Akademi
Alegre	Gledelig
Arte	Kunst
Clásico	Klassisk
Coreografía	Koreografi
Cuerpo	Kropp
Cultura	Kultur
Cultural	Kulturell
Emoción	Følelse
Ensayo	Øving
Expresivo	Uttrykksfull
Gracia	Nåde
Movimiento	Bevegelse
Música	Musikk
Postura	Holdning
Ritmo	Rytme
Saltar	Hoppe
Socio	Samboer
Tradicional	Tradisjonell
Visual	Visuell

Ballet
Ballett

Aplauso	Applaus
Artístico	Kunstnerisk
Audiencia	Publikum
Bailarina	Ballerina
Bailarines	Dansere
Compositor	Komponist
Coreografía	Koreografi
Ensayo	Øving
Estilo	Stil
Expresivo	Uttrykksfull
Gesto	Gest
Habilidad	Ferdighet
Intensidad	Intensitet
Lecciones	Leksjoner
Músculos	Muskler
Música	Musikk
Orquesta	Orkester
Práctica	Praksis
Ritmo	Rytme
Técnica	Teknikk

Barbacoas
Grilling

Almuerzo	Lunsj
Caliente	Varmt
Cebollas	Løk
Cena	Middag
Cuchillos	Kniver
Ensaladas	Salater
Familia	Familie
Fruta	Frukt
Hambre	Sult
Juegos	Spill
Música	Musikk
Niños	Barn
Parrilla	Grille
Pimienta	Pepper
Pollo	Kylling
Sal	Salt
Salsa	Saus
Tomates	Tomater
Verano	Sommer
Verduras	Grønnsaker

Barcos
Båter

Ancla	Anker
Balsa	Flåte
Boya	Bøye
Canoa	Kano
Cuerda	Tau
Ferry	Ferje
Kayak	Kajakk
Lago	Innsjø
Mar	Hav
Marea	Tidevann
Marinero	Sjømann
Marítimo	Maritim
Mástil	Mast
Motor	Motor
Náutico	Nautisk
Olas	Bølger
Río	Elv
Tripulación	Mannskap
Velero	Seilbåt
Yate	Yacht

Belleza
Skjønnhet

Aceites	Oljer
Champú	Sjampo
Color	Farge
Cosméticos	Kosmetikk
Elegancia	Eleganse
Elegante	Elegant
Encanto	Sjarm
Espejo	Speil
Estilista	Stylist
Fotogénico	Fotogen
Fragancia	Duft
Gracia	Nåde
Maquillaje	Sminke
Piel	Hud
Pintalabios	Leppestift
Productos	Produkter
Rizos	Krøller
Rímel	Mascara
Servicios	Tjenester
Tijeras	Saks

Biología
Biologi

Anatomía	Anatomi
Bacterias	Bakterie
Celda	Celle
Colágeno	Kollagen
Cromosoma	Kromosom
Embrión	Embryo
Enzima	Enzym
Evolución	Evolusjon
Fotosíntesis	Fotosyntese
Hormona	Hormon
Mamífero	Pattedyr
Mutación	Mutasjon
Natural	Naturlig
Nervio	Nerve
Neurona	Nevron
Ósmosis	Osmose
Proteína	Protein
Reptil	Reptil
Simbiosis	Symbiose
Sinapsis	Synapse

Calentamiento Global
Global Oppvarming

Ahora	Nå
Ambiental	Miljø
Atención	Oppmerksomhet
Ártico	Arktisk
Científico	Forsker
Clima	Klima
Consecuencias	Konsekvenser
Crisis	Krise
Datos	Data
Desarrollo	Utvikling
Energía	Energi
Futuro	Fremtid
Gas	Gass
Generaciones	Generasjoner
Gobierno	Regjering
Industria	Industri
Internacional	Internasjonal
Legislación	Lovgivning
Significativo	Betydelig
Temperaturas	Temperaturer

Camping
Camping

Animales	Dyr
Aventura	Eventyr
Árboles	Trær
Bosque	Skog
Brújula	Kompass
Cabina	Hytte
Canoa	Kano
Carpa	Telt
Caza	Jakt
Cuerda	Tau
Equipo	Utstyr
Fuego	Brann
Hamaca	Hengekøye
Insecto	Insekt
Lago	Innsjø
Luna	Måne
Mapa	Kart
Montaña	Fjell
Naturaleza	Natur
Sombrero	Hatt

Casa
Hus

Alfombra	Teppe
Ático	Loft
Biblioteca	Bibliotek
Chimenea	Peis
Cocina	Kjøkken
Dormitorio	Soverom
Ducha	Dusj
Escoba	Kost
Espejo	Speil
Garaje	Garasje
Grifo	Kran
Jardín	Hage
Lámpara	Lampe
Pared	Vegg
Piso	Gulv
Puerta	Dør
Sótano	Kjeller
Techo	Tak
Valla	Gjerde
Ventana	Vindu

Ciencia
Vitenskap

Átomo	Atom
Científico	Forsker
Clima	Klima
Datos	Data
Evolución	Evolusjon
Experimento	Eksperiment
Física	Fysikk
Fósil	Fossilt
Gravedad	Tyngdekraft
Hecho	Faktum
Hipótesis	Hypotese
Laboratorio	Laboratorium
Método	Metode
Minerales	Mineraler
Moléculas	Molekyler
Naturaleza	Natur
Organismo	Organisme
Partículas	Partikler
Plantas	Planter
Químico	Kjemisk

Ciencia Ficción
Science Fiction

Atómico	Atom
Cine	Kino
Distante	Fjern
Explosión	Eksplosjon
Extremo	Ekstrem
Fantástico	Fantastisk
Fuego	Brann
Futurista	Futuristisk
Galaxia	Galaxy
Ilusión	Illusjon
Imaginario	Innbilt
Libros	Bøker
Misterioso	Mystisk
Mundo	Verden
Oráculo	Orakel
Planeta	Planet
Realista	Realistisk
Robots	Roboter
Tecnología	Teknologi
Utopía	Utopi

Ciudad
Byen

Aeropuerto	Flyplassen
Banco	Bank
Biblioteca	Bibliotek
Cine	Kino
Clínica	Klinikk
Escuela	Skole
Estadio	Stadion
Farmacia	Apotek
Galería	Galleri
Hotel	Hotell
Librería	Bokhandel
Mercado	Marked
Museo	Museum
Panadería	Bakeri
Restaurante	Restaurant
Supermercado	Supermarked
Teatro	Teater
Tienda	Butikk
Universidad	Universitet
Zoo	Dyrehage

Clima
Været

Atmósfera	Atmosfære
Brisa	Bris
Cielo	Himmel
Clima	Klima
Hielo	Is
Huracán	Orkan
Inundación	Flom
Monzón	Monsun
Niebla	Tåke
Nube	Sky
Polar	Polar
Rayo	Lyn
Seco	Tørr
Sequía	Tørke
Temperatura	Temperatur
Tormenta	Storm
Tornado	Tornado
Tropical	Tropisk
Trueno	Torden
Viento	Vind

Cocina
Kjøkken

Caldera	Kjele
Comida	Mat
Congelador	Fryser
Cucharas	Skjeer
Cucharón	Øse
Cuchillos	Kniver
Delantal	Forkle
Especias	Krydder
Esponja	Svamp
Horno	Ovn
Jarra	Mugge
Palillos	Spisepinner
Parrilla	Grille
Receta	Oppskrift
Refrigerador	Kjøleskap
Servilleta	Serviett
Tarro	Krukke
Tazas	Kopper
Tazón	Bolle
Tenedores	Gafler

Comida #1
Mat #1

Ajo	Hvitløk
Albahaca	Basilikum
Atún	Tunfisk
Azúcar	Sukker
Canela	Kanel
Carne	Kjøtt
Cebada	Bygg
Cebolla	Løk
Ensalada	Salat
Espinacas	Spinat
Fresa	Jordbær
Jugo	Juice
Leche	Melk
Limón	Sitron
Menta	Mynte
Nabo	Nepe
Pera	Pære
Sal	Salt
Sopa	Suppe
Zanahoria	Gulrot

Comida #2
Mat #2

Alcachofa	Artisjokk
Almendra	Mandel
Apio	Selleri
Arroz	Ris
Berenjena	Aubergine
Cereza	Kirsebær
Chocolate	Sjokolade
Girasol	Solsikke
Huevo	Egg
Jengibre	Ingefær
Kiwi	Kiwi
Manzana	Eple
Pan	Brød
Plátano	Banan
Pollo	Kylling
Queso	Ost
Tomate	Tomat
Trigo	Hvete
Uva	Drue
Yogur	Yoghurt

Conduciendo
Kjøring

Accidente	Ulykke
Calle	Gate
Camión	Lastebil
Coche	Bil
Combustible	Brensel
Frenos	Bremser
Garaje	Garasje
Gas	Gass
Licencia	Lisens
Mapa	Kart
Motocicleta	Motorsykkel
Motor	Motor
Peatonal	Fotgjenger
Peligro	Fare
Policía	Politi
Seguridad	Sikkerhet
Transporte	Transport
Tráfico	Trafikk
Túnel	Tunnel
Velocidad	Hastighet

Creatividad
Kreativitet

Artístico	Kunstnerisk
Autenticidad	Autentisitet
Claridad	Klarhet
Dramático	Dramatisk
Emociones	Følelser
Espontáneo	Spontan
Expresión	Uttrykk
Fluidez	Flyt
Habilidad	Ferdighet
Ideas	Ideer
Imagen	Bilde
Imaginación	Fantasi
Impresión	Inntrykk
Inspiración	Inspirasjon
Intensidad	Intensitet
Intuición	Intuisjon
Inventivo	Oppfinnsom
Sensación	Følelse
Visiones	Visjoner
Vitalidad	Vitalitet

Cuerpo Humano
Menneskekroppen

Barbilla	Hake
Boca	Munn
Cabeza	Hode
Cara	Ansikt
Cerebro	Hjerne
Codo	Albue
Corazón	Hjerte
Cuello	Hals
Dedo	Finger
Hombro	Skulder
Lengua	Tunge
Mano	Hånd
Nariz	Nese
Ojo	Øye
Oreja	Øre
Piel	Hud
Pierna	Bein
Rodilla	Kne
Sangre	Blod
Tobillo	Ankel

Diplomacia
Diplomati

Asesor	Rådgiver
Comunidad	Samfunnet
Conflicto	Konflikt
Cooperación	Samarbeid
Diplomático	Diplomatisk
Discusión	Diskusjon
Embajada	Ambassade
Embajador	Ambassadør
Extranjero	Fremmed
Ética	Etikk
Gobierno	Regjering
Humanitario	Humanitær
Idiomas	Språk
Integridad	Integritet
Justicia	Rettferdighet
Política	Politikk
Resolución	Vedtak
Seguridad	Sikkerhet
Solución	Løsning
Tratado	Traktat

Disciplinas Científicas
Vitenskapelige Disipliner

Anatomía	Anatomi
Arqueología	Arkeologi
Astronomía	Astronomi
Biología	Biologi
Bioquímica	Biokjemi
Botánica	Botanikk
Ecología	Økologi
Fisiología	Fysiologi
Geología	Geologi
Inmunología	Immunologi
Lingüística	Lingvistikk
Mecánica	Mekanikk
Meteorología	Meteorologi
Mineralogía	Mineralogi
Neurología	Nevrologi
Psicología	Psykologi
Química	Kjemi
Sociología	Sosiologi
Termodinámica	Termodynamikk
Zoología	Zoologi

Días y Meses
Dager og Måneder

Abril	April
Agosto	August
Año	År
Calendario	Kalender
Domingo	Søndag
Enero	Januar
Febrero	Februar
Jueves	Torsdag
Julio	Juli
Junio	Juni
Lunes	Mandag
Martes	Tirsdag
Mes	Måned
Miércoles	Onsdag
Noviembre	November
Octubre	Oktober
Sábado	Lørdag
Semana	Uke
Septiembre	September
Viernes	Fredag

Ecología
Økologi

Clima	Klima
Comunidades	Samfunn
Diversidad	Mangfold
Especie	Art
Fauna	Fauna
Flora	Flora
Global	Global
Hábitat	Habitat
Marino	Marine
Montañas	Fjell
Natural	Naturlig
Naturaleza	Natur
Pantano	Myr
Plantas	Planter
Recursos	Ressurser
Sequía	Tørke
Sostenible	Bærekraftig
Supervivencia	Overlevelse
Vegetación	Vegetasjon
Voluntarios	Frivillige

Edificios
Bygningsmasse

Albergue	Herberge
Apartamento	Leilighet
Castillo	Slott
Cine	Kino
Embajada	Ambassade
Escuela	Skole
Estadio	Stadion
Fábrica	Fabrikk
Garaje	Garasje
Granero	Låve
Granja	Gård
Hospital	Sykehus
Hotel	Hotell
Laboratorio	Laboratorium
Museo	Museum
Observatorio	Observatorium
Supermercado	Supermarked
Teatro	Teater
Torre	Tårn
Universidad	Universitet

Electricidad
Elektrisitet

Almacenamiento	Lagring
Batería	Batteri
Bombilla	Pære
Cable	Kabel
Cables	Ledninger
Cantidad	Mengde
Electricista	Elektriker
Eléctrico	Elektrisk
Enchufe	Stikkontakt
Equipo	Utstyr
Generador	Generator
Imán	Magnet
Lámpara	Lampe
Láser	Laser
Negativo	Negativ
Objetos	Objekter
Positivo	Positiv
Red	Nettverk
Televisión	Tv
Teléfono	Telefon

Emociones
Følelser

Aburrimiento	Kjedsomhet
Agradecido	Takknemlig
Alegría	Glede
Alivio	Lettelse
Amor	Kjærlighet
Avergonzado	Flau
Beatitud	Lykksalighet
Bondad	Vennlighet
Calma	Rolig
Contenido	Innhold
Ira	Sinne
Miedo	Frykt
Paz	Fred
Relajado	Avslappet
Satisfecho	Fornøyd
Simpatía	Sympati
Sorpresa	Overraskelse
Ternura	Ømhet
Tranquilidad	Ro
Tristeza	Tristhet

Energía
Energi

Batería	Batteri
Calor	Varme
Carbono	Karbon
Combustible	Brensel
Contaminación	Forurensing
Diesel	Diesel
Electrón	Elektron
Eléctrico	Elektrisk
Entropía	Entropi
Fotón	Foton
Gasolina	Bensin
Hidrógeno	Hydrogen
Industria	Industri
Motor	Motor
Nuclear	Nukleær
Renovable	Fornybar
Sol	Sol
Turbina	Turbin
Vapor	Damp
Viento	Vind

Enfermedad
Sykdom

Agudo	Akutt
Alergias	Allergi
Bienestar	Velvære
Contagioso	Smittsom
Corazón	Hjerte
Crónica	Kronisk
Cuerpo	Kropp
Débil	Svak
Genético	Genetisk
Hereditario	Arvelig
Huesos	Bein
Inflamación	Betennelse
Inmunidad	Immunitet
Lumbar	Lumbar
Neuropatía	Nevropati
Pulmonar	Lunge
Respiratorio	Luftveiene
Salud	Helse
Síndrome	Syndrom
Terapia	Terapi

Especias
Krydder

Agrio	Sur
Ajo	Hvitløk
Amargo	Bitter
Anís	Anis
Azafrán	Safran
Canela	Kanel
Cebolla	Løk
Clavo	Fedd
Comino	Spisskummen
Curry	Karri
Dulce	Søt
Hinojo	Fennikel
Jengibre	Ingefær
Nuez Moscada	Muskat
Pimentón	Paprika
Pimienta	Pepper
Regaliz	Lakris
Sabor	Smak
Sal	Salt
Vainilla	Vanilje

Familia
Familien

Abuela	Bestemor
Abuelo	Bestefar
Antepasado	Stamfar
Esposa	Kone
Hermana	Søster
Hermano	Bror
Hija	Datter
Infancia	Barndom
Madre	Mor
Marido	Ektemann
Materno	Mors
Nieto	Barnebarn
Niño	Barn
Padre	Far
Paterno	Faderlig
Primo	Fetter
Sobrina	Niese
Sobrino	Nevø
Tía	Tante
Tío	Onkel

Filantropía
Filantropi

Caridad	Veldedighet
Comunidad	Samfunnet
Contactos	Kontakter
Donar	Donere
Finanzas	Finans
Fondos	Midler
Generosidad	Gavmildhet
Gente	Folk
Global	Global
Grupos	Grupper
Historia	Historie
Honestidad	Ærlighet
Humanidad	Menneskehet
Juventud	Ungdom
Metas	Mål
Misión	Misjon
Necesitar	Trenge
Niños	Barn
Programas	Programmer
Público	Offentlig

Física
Fysikk

Aceleración	Akselerasjon
Átomo	Atom
Caos	Kaos
Densidad	Tetthet
Electrón	Elektron
Fórmula	Formel
Frecuencia	Frekvens
Gas	Gass
Gravedad	Tyngdekraft
Magnetismo	Magnetisme
Masa	Masse
Mecánica	Mekanikk
Molécula	Molekyl
Motor	Motor
Nuclear	Nukleær
Partícula	Partikkel
Químico	Kjemisk
Universal	Universell
Variable	Variabel
Velocidad	Hastighet

Flores
Blomster

Amapola	Valmue
Diente de León	Løvetann
Gardenia	Gardenia
Girasol	Solsikke
Hibisco	Hibiskus
Jazmín	Sjasmin
Lavanda	Lavendel
Lila	Lilla
Lirio	Lilje
Magnolia	Magnolia
Margarita	Tusenfryd
Narciso	Påskelilje
Orquídea	Orkidé
Pasionaria	Pasjonsblomst
Peonía	Peon
Pétalo	Kronblad
Ramo	Bukett
Rosa	Rose
Trébol	Kløver
Tulipán	Tulipan

Formas
Former

Arco	Bue
Bordes	Kanter
Cilindro	Sylinder
Círculo	Sirkel
Cono	Kjegle
Cuadrado	Torget
Cubo	Kube
Curva	Kurve
Elipse	Ellipse
Esfera	Sfære
Esquina	Hjørne
Hipérbola	Hyperbola
Lado	Side
Línea	Linje
Oval	Oval
Pirámide	Pyramide
Polígono	Polygon
Prisma	Prisme
Rectángulo	Rektangel
Triángulo	Trekant

Fruta
Frukt

Aguacate	Avokado
Albaricoque	Aprikos
Baya	Bær
Cereza	Kirsebær
Coco	Kokosnøtt
Frambuesa	Bringebær
Guayaba	Guava
Kiwi	Kiwi
Limón	Sitron
Mango	Mango
Manzana	Eple
Melocotón	Fersken
Melón	Melon
Naranja	Oransje
Nectarina	Nektarin
Papaya	Papaya
Pera	Pære
Piña	Ananas
Plátano	Banan
Uva	Drue

Fuerza y Gravedad
Kraft og Gravitasjon

Centro	Sentrum
Descubrimiento	Oppdagelse
Dinámico	Dynamisk
Distancia	Avstand
Eje	Akser
Expansión	Utvidelse
Física	Fysikk
Fricción	Friksjon
Impacto	Innvirkning
Magnetismo	Magnetisme
Mecánica	Mekanikk
Movimiento	Bevegelse
Órbita	Bane
Peso	Vekt
Planetas	Planeter
Presión	Press
Propiedades	Egenskaper
Tiempo	Tid
Universal	Universell
Velocidad	Hastighet

Geografía
Geografi

Altitud	Høyde
Atlas	Atlas
Ciudad	By
Continente	Kontinent
Hemisferio	Halvkule
Isla	Øy
Latitud	Breddegrad
Longitud	Lengdegrad
Mapa	Kart
Mar	Hav
Meridiano	Meridian
Montaña	Fjell
Mundo	Verden
Norte	Nord
Oeste	Vest
País	Land
Región	Region
Río	Elv
Sur	Sør
Territorio	Territorium

Geología
Geologi

Ácido	Syre
Calcio	Kalsium
Capa	Lag
Caverna	Hule
Continente	Kontinent
Coral	Korall
Cristales	Crystal
Cuarzo	Kvarts
Erosión	Erosjon
Estalactita	Stalaktitt
Estalagmitas	Stalagmitter
Fósil	Fossilt
Géiser	Geysir
Lava	Lava
Meseta	Platå
Minerales	Mineraler
Piedra	Stein
Sal	Salt
Terremoto	Jordskjelv
Volcán	Vulkan

Geometría
Geometri

Altura	Høyde
Ángulo	Vinkel
Cálculo	Beregning
Curva	Kurve
Diámetro	Diameter
Dimensión	Dimensjon
Ecuación	Ligning
Horizontal	Horisontal
Lógica	Logikk
Masa	Masse
Mediana	Median
Número	Nummer
Paralelo	Parallell
Proporción	Andel
Segmento	Segmentet
Simetría	Symmetri
Superficie	Flate
Teoría	Teori
Triángulo	Trekant
Vertical	Vertikal

Gobierno
Myndighetene

Civil	Sivil
Constitución	Grunnlov
Democracia	Demokrati
Derechos	Rettigheter
Discurso	Tale
Discusión	Diskusjon
Distrito	Distrikt
Estado	Stat
Igualdad	Likestilling
Independencia	Uavhengighet
Judicial	Rettslig
Justicia	Rettferdighet
Ley	Lov
Libertad	Frihet
Líder	Leder
Monumento	Monument
Nacional	Nasjonal
Nación	Nasjon
Política	Politikk
Símbolo	Symbol

Granja #1
Gården #1

Abeja	Bie
Agricultura	Landbruk
Agua	Vann
Arroz	Ris
Burro	Esel
Caballo	Hest
Cabra	Geit
Campo	Felt
Cuervo	Kråke
Fertilizante	Gjødsel
Gato	Katt
Heno	Høy
Miel	Honning
Perro	Hund
Pollo	Kylling
Semillas	Frø
Ternero	Kalv
Tierra	Land
Vaca	Ku
Valla	Gjerde

Granja #2
Gården #2

Agricultor	Bonde
Animales	Dyr
Cebada	Bygg
Colmena	Bikube
Comida	Mat
Cordero	Lam
Fruta	Frukt
Granero	Låve
Huerto	Frukthage
Leche	Melk
Llama	Lama
Maíz	Korn
Oveja	Sau
Pastor	Hyrde
Pato	And
Prado	Eng
Riego	Vanning
Tractor	Traktor
Trigo	Hvete
Vegetal	Grønnsak

Herboristería
Urtemedisin

Ajo	Hvitløk
Albahaca	Basilikum
Aromático	Aromatisk
Azafrán	Safran
Calidad	Kvalitet
Culinario	Kulinarisk
Eneldo	Dill
Estragón	Estragon
Flor	Blomst
Hinojo	Fennikel
Ingrediente	Ingrediens
Jardín	Hage
Lavanda	Lavendel
Mejorana	Marjoram
Menta	Mynte
Perejil	Persille
Planta	Plante
Romero	Rosmarin
Sabor	Smak
Verde	Grønn

Ingeniería
Teknisk

Ángulo	Vinkel
Cálculo	Beregning
Construcción	Konstruksjon
Diagrama	Diagram
Diámetro	Diameter
Diesel	Diesel
Distribución	Distribusjon
Eje	Akser
Energía	Energi
Estabilidad	Stabilitet
Estructura	Struktur
Fricción	Friksjon
Fuerza	Styrke
Líquido	Væske
Máquina	Maskin
Medición	Mål
Motor	Motor
Palancas	Spaker
Profundidad	Dybde
Propulsión	Fremdrift

Instrumentos Musicales
Musikkinstrumenter

Armónica	Munnspill
Arpa	Harpe
Banjo	Banjo
Clarinete	Klarinett
Fagot	Fagott
Flauta	Fløyte
Gong	Gong
Guitarra	Gitar
Mandolina	Mandolin
Marimba	Marimba
Oboe	Obo
Pandereta	Tamburin
Percusión	Perkusjon
Piano	Piano
Saxofón	Saksofon
Tambor	Tromme
Trombón	Trombone
Trompeta	Trompet
Violín	Fiolin
Violonchelo	Cello

Jardinería
Hagearbeid

Agua	Vann
Botánico	Botanisk
Clima	Klima
Comestible	Spiselig
Compost	Kompost
Contenedor	Beholder
Especie	Art
Estacional	Sesongmessig
Exótico	Eksotisk
Flor	Blomstre
Floral	Blomster
Follaje	Løvverk
Hoja	Blad
Huerto	Frukthage
Humedad	Fuktighet
Manguera	Slange
Ramo	Bukett
Semillas	Frø
Suciedad	Skitt
Suelo	Jord

Jardín
Hage

Arbusto	Busk
Árbol	Tre
Banco	Benk
Césped	Plen
Estanque	Dam
Flor	Blomst
Garaje	Garasje
Hamaca	Hengekøye
Hierba	Gress
Huerto	Frukthage
Jardín	Hage
Malezas	Ugress
Manguera	Slange
Pala	Spade
Porche	Veranda
Rastrillo	Rake
Suelo	Jord
Terraza	Terrasse
Trampolín	Trampoline
Valla	Gjerde

Jazz
Jazz

Artista	Kunstner
Álbum	Album
Canción	Sang
Composición	Sammensetning
Compositor	Komponist
Concierto	Konsert
Estilo	Stil
Énfasis	Vekt
Famoso	Berømt
Favoritos	Favoritter
Género	Sjanger
Improvisación	Improvisasjon
Música	Musikk
Nuevo	Ny
Orquesta	Orkester
Ritmo	Rytme
Talento	Talent
Tambores	Trommer
Técnica	Teknikk
Viejo	Gammel

La Empresa
Selskapet

Calidad	Kvalitet
Creativo	Kreativ
Decisión	Beslutning
Empleo	Sysselsetting
Global	Global
Industria	Industri
Ingresos	Inntekter
Innovador	Innovativ
Inversión	Investering
Negocio	Virksomhet
Posibilidad	Mulighet
Presentación	Presentasjon
Producto	Produkt
Profesional	Profesjonell
Progreso	Framgang
Recursos	Ressurser
Reputación	Rykte
Riesgos	Risiko
Tendencias	Trender
Unidades	Enheter

Libros
Reserve

Autor	Forfatter
Aventura	Eventyr
Colección	Samling
Contexto	Kontekst
Dualidad	Dualitet
Escrito	Skrevet
Historia	Historie
Histórico	Historisk
Humorístico	Humoristisk
Inventivo	Oppfinnsom
Lector	Leser
Literario	Litterær
Narrador	Forteller
Novela	Roman
Página	Side
Pertinente	Aktuell
Poema	Dikt
Poesía	Poesi
Serie	Serie
Trágico	Tragisk

Literatura
Litteratur

Analogía	Analogi
Análisis	Analyse
Anécdota	Anekdote
Autor	Forfatter
Biografía	Biografi
Comparación	Sammenligning
Conclusión	Konklusjon
Descripción	Beskrivelse
Diálogo	Dialog
Estilo	Stil
Metáfora	Metafor
Narrador	Forteller
Novela	Roman
Opinión	Mening
Poema	Dikt
Poético	Poetisk
Rima	Rim
Ritmo	Rytme
Tema	Tema
Tragedia	Tragedie

Los Medios de Comunicación
Mediene

Actitudes	Holdninger
Comercial	Kommersiell
Comunicación	Kommunikasjon
Digital	Digitalt
Edición	Utgave
Educación	Utdanning
En Línea	Online
Financiación	Finansiering
Fotos	Bilder
Hechos	Fakta
Industria	Industri
Intelectual	Intellektuell
Local	Lokal
Opinión	Mening
Periódicos	Aviser
Público	Offentlig
Radio	Radio
Red	Nettverk
Revistas	Magasiner
Televisión	Tv

Mamíferos
Pattedyr

Ballena	Hval
Burro	Esel
Caballo	Hest
Camello	Kamel
Canguro	Kenguru
Cebra	Sebra
Conejo	Kanin
Coyote	Prærieulv
Delfín	Delfin
Elefante	Elefant
Gato	Katt
Gorila	Gorilla
Jirafa	Sjiraff
Lobo	Ulv
Mono	Ape
Oso	Bjørn
Oveja	Sau
Perro	Hund
Toro	Okse
Zorro	Rev

Matemáticas
Matematikk

Aritmética	Aritmetikk
Ángulos	Vinkler
Circunferencia	Omkrets
Cuadrado	Torget
Decimal	Desimal
Diámetro	Diameter
División	Divisjon
Ecuación	Ligning
Esfera	Sfære
Exponente	Eksponent
Fracción	Brøkdel
Geometría	Geometri
Paralelo	Parallell
Polígono	Polygon
Radio	Radius
Rectángulo	Rektangel
Simetría	Symmetri
Suma	Sum
Triángulo	Trekant
Volumen	Volum

Mediciones
Målinger

Altura	Høyde
Ancho	Bredde
Byte	Byte
Centímetro	Centimeter
Decimal	Desimal
Grado	Grad
Gramo	Gram
Kilogramo	Kilo
Kilómetro	Kilometer
Litro	Liter
Longitud	Lengde
Masa	Masse
Metro	Meter
Minuto	Minutt
Onza	Unse
Peso	Vekt
Profundidad	Dybde
Pulgada	Tomme
Tonelada	Tonn
Volumen	Volum

Meditación
Meditasjon

Aceptación	Aksept
Atención	Oppmerksomhet
Bondad	Vennlighet
Calma	Rolig
Claridad	Klarhet
Compasión	Medfølelse
Emociones	Følelser
Gratitud	Takknemlighet
Mental	Mental
Mente	Sinn
Movimiento	Bevegelse
Música	Musikk
Naturaleza	Natur
Observación	Observasjon
Paz	Fred
Pensamientos	Tanker
Perspectiva	Perspektiv
Postura	Holdning
Respiración	Puste
Silencio	Stillhet

Mitología
Mytologi

Arquetipo	Arketype
Celos	Sjalusi
Cielo	Himmel
Comportamiento	Oppførsel
Creación	Skapelse
Creencias	Tro
Criatura	Skapning
Cultura	Kultur
Desastre	Katastrofe
Fuerza	Styrke
Guerrero	Kriger
Héroe	Helt
Inmortalidad	Udødelighet
Laberinto	Labyrint
Leyenda	Legende
Monstruo	Monster
Mortal	Dødelig
Rayo	Lyn
Trueno	Torden
Venganza	Hevn

Moda
Mote

Bordado	Broderi
Botones	Knapper
Boutique	Boutique
Caro	Dyrt
Elegante	Elegant
Encaje	Blonder
Estilo	Stil
Mediciones	Målinger
Minimalista	Minimalistisk
Moderno	Moderne
Modesto	Beskjeden
Original	Original
Patrón	Mønster
Práctico	Praktisk
Ropa	Klær
Sencillo	Enkel
Sofisticado	Sofistikert
Tejido	Stoff
Tendencia	Trend
Textura	Tekstur

Música
Musikk

Armonía	Harmoni
Armónico	Harmonisk
Álbum	Album
Balada	Ballade
Cantante	Sanger
Cantar	Synge
Clásico	Klassisk
Coro	Kor
Grabación	Innspilling
Improvisar	Improvisere
Instrumento	Instrument
Melodía	Melodi
Micrófono	Mikrofon
Musical	Musikalsk
Músico	Musiker
Ópera	Opera
Poético	Poetisk
Ritmo	Rytme
Tempo	Tempo
Vocal	Vokal

Naturaleza
Naturen

Abejas	Bier
Animales	Dyr
Ártico	Arktisk
Belleza	Skjønnhet
Bosque	Skog
Desierto	Ørken
Dinámico	Dynamisk
Erosión	Erosjon
Follaje	Løvverk
Glaciar	Isbre
Niebla	Tåke
Nubes	Skyer
Pacífico	Fredelig
Refugio	Ly
Río	Elv
Salvaje	Vill
Santuario	Helligdom
Sereno	Rolig
Tropical	Tropisk
Vital	Viktig

Negocio
Forretninger

Carrera	Karriere
Costo	Koste
Descuento	Rabatt
Dinero	Penger
Economía	Økonomi
Empleado	Ansatt
Empleador	Arbeidsgiver
Empresa	Selskap
Fábrica	Fabrikk
Finanzas	Finans
Impuestos	Skatter
Inversión	Investering
Mercancía	Handelsvarer
Moneda	Valuta
Oficina	Kontor
Presupuesto	Budsjett
Tienda	Butikk
Trabajo	Jobb
Transacción	Transaksjon
Venta	Salg

Nutrición
Ernæring

Amargo	Bitter
Apetito	Appetitt
Calidad	Kvalitet
Calorías	Kalorier
Carbohidratos	Karbohydrater
Comestible	Spiselig
Dieta	Diett
Digestión	Fordøyelse
Equilibrado	Balansert
Fermentación	Gjæring
Hábitos	Vaner
Nutriente	Næringsstoff
Peso	Vekt
Proteínas	Proteiner
Sabor	Smak
Salsa	Saus
Salud	Helse
Saludable	Sunn
Toxina	Gift
Vitamina	Vitamin

Números
Antall

Catorce	Fjorten
Cero	Null
Cinco	Fem
Cuatro	Fire
Decimal	Desimal
Diecinueve	Nitten
Dieciocho	Atten
Dieciséis	Seksten
Diecisiete	Sytten
Diez	Ti
Doce	Tolv
Dos	To
Nueve	Ni
Ocho	Åtte
Quince	Femten
Seis	Seks
Siete	Syv
Trece	Tretten
Tres	Tre
Veinte	Tjue

Océano
Havet

Alga	Alger
Anguila	Ål
Arrecife	Rev
Atún	Tunfisk
Ballena	Hval
Barco	Båt
Camarón	Reke
Cangrejo	Krabbe
Coral	Korall
Delfín	Delfin
Esponja	Svamp
Mareas	Tidevann
Medusa	Manet
Ostra	Østers
Pescado	Fisk
Pulpo	Blekksprut
Sal	Salt
Tiburón	Hai
Tormenta	Storm
Tortuga	Skilpadde

Paisajes
Landskap

Cascada	Foss
Cueva	Hule
Desierto	Ørken
Estuario	Elvemunningen
Géiser	Geysir
Glaciar	Isbre
Iceberg	Isfjell
Isla	Øy
Lago	Innsjø
Laguna	Lagune
Mar	Hav
Montaña	Fjell
Oasis	Oase
Pantano	Sump
Península	Halvøy
Playa	Strand
Río	Elv
Tundra	Tundra
Valle	Dal
Volcán	Vulkan

Países #1
Land #1

Alemania	Tyskland
Argentina	Argentina
Bélgica	Belgia
Brasil	Brasil
Canadá	Canada
Ecuador	Ecuador
Egipto	Egypt
España	Spania
Filipinas	Filippinene
Honduras	Honduras
India	India
Italia	Italia
Libia	Libya
Malí	Mali
Marruecos	Marokko
Nicaragua	Nicaragua
Noruega	Norge
Panamá	Panama
Polonia	Polen
Venezuela	Venezuela

Países #2
Land #2

Albania	Albania
Australia	Australia
Austria	Østerrike
Dinamarca	Danmark
Etiopía	Etiopia
Francia	Frankrike
Grecia	Hellas
Indonesia	Indonesia
Irlanda	Irland
Jamaica	Jamaica
Japón	Japan
Laos	Laos
México	Mexico
Pakistán	Pakistan
Portugal	Portugal
Rusia	Russland
Siria	Syria
Sudán	Sudan
Ucrania	Ukraina
Uganda	Uganda

Pájaros
Fugler

Avestruz	Struts
Águila	Ørn
Cigüeña	Stork
Cisne	Svanen
Cuco	Gjøk
Cuervo	Kråke
Flamenco	Flamingo
Ganso	Gås
Garza	Hegre
Gaviota	Måke
Gorrión	Spurv
Halcón	Hauk
Huevo	Egg
Loro	Papegøye
Paloma	Due
Pato	And
Pelícano	Pelikan
Pingüino	Pingvin
Pollo	Kylling
Tucán	Toucan

Plantas
Planter

Arbusto	Busk
Árbol	Tre
Bambú	Bambus
Baya	Bær
Bosque	Skog
Botánica	Botanikk
Cactus	Kaktus
Fertilizante	Gjødsel
Flor	Blomst
Flora	Flora
Follaje	Løvverk
Frijol	Bønne
Hiedra	Eføy
Hierba	Gress
Hoja	Blad
Jardín	Hage
Musgo	Mose
Pétalo	Kronblad
Raíz	Rot
Vegetación	Vegetasjon

Profesiones #1
Yrker # 1

Abogado	Advokat
Astrónomo	Astronom
Atleta	Atlet
Bailarín	Danser
Banquero	Bankier
Bombero	Brannmann
Cartógrafo	Kartograf
Cazador	Jeger
Doctor	Lege
Editor	Redaktør
Embajador	Ambassadør
Enfermera	Sykepleier
Entrenador	Trener
Fontanero	Rørlegger
Geólogo	Geolog
Joyero	Gullsmed
Músico	Musiker
Pianista	Pianist
Psicólogo	Psykolog
Veterinario	Veterinær

Profesiones #2
Yrker # 2

Astronauta	Astronaut
Bibliotecario	Bibliotekar
Biólogo	Biolog
Cirujano	Kirurg
Dentista	Tannlege
Detective	Detektiv
Filósofo	Filosof
Fotógrafo	Fotograf
Ilustrador	Illustratør
Ingeniero	Ingeniør
Inventor	Oppfinner
Investigador	Forsker
Jardinero	Gartner
Lingüista	Lingvist
Médico	Lege
Periodista	Journalist
Piloto	Pilot
Pintor	Maler
Profesor	Lærer
Zoólogo	Zoolog

Psicología
Psykologi

Cita	Avtale
Clínico	Klinisk
Cognición	Kognisjon
Comportamiento	Oppførsel
Conflicto	Konflikt
Ego	Ego
Emociones	Følelser
Evaluación	Vurdering
Experiencias	Erfaringer
Ideas	Ideer
Inconsciente	Bevisstløs
Infancia	Barndom
Pensamientos	Tanker
Percepción	Oppfatning
Personalidad	Personlighet
Problema	Problem
Realidad	Virkelighet
Sensación	Følelse
Sueños	Drømmer
Terapia	Terapi

Química
Kjemi

Alcalino	Alkalisk
Ácido	Syre
Calor	Varme
Carbono	Karbon
Catalizador	Katalysator
Cloro	Klor
Electrón	Elektron
Enzima	Enzym
Gas	Gass
Hidrógeno	Hydrogen
Ion	Ion
Líquido	Væske
Metales	Metaller
Molécula	Molekyl
Nuclear	Nukleær
Oxígeno	Oksygen
Peso	Vekt
Reacción	Reaksjon
Sal	Salt
Temperatura	Temperatur

Restaurante #2
Restaurant # 2

Agua	Vann
Almuerzo	Lunsj
Aperitivo	Forrett
Bebida	Drikk
Camarero	Kelner
Cena	Middag
Cuchara	Skje
Delicioso	Deilig
Ensalada	Salat
Especias	Krydder
Fruta	Frukt
Hielo	Is
Huevos	Egg
Pastel	Kake
Pescado	Fisk
Sal	Salt
Silla	Stol
Sopa	Suppe
Tenedor	Gaffel
Verduras	Grønnsaker

Ropa
Klær

Abrigo	Frakk
Blusa	Bluse
Bufanda	Skjerf
Camisa	Skjorte
Chaqueta	Jakke
Cinturón	Belte
Collar	Halskjede
Delantal	Forkle
Falda	Skjørt
Guantes	Hansker
Joyas	Smykker
Moda	Mote
Pantalones	Bukse
Pijama	Pyjamas
Pulsera	Armbånd
Sandalias	Sandaler
Sombrero	Hatt
Suéter	Genser
Vestido	Kjole
Zapato	Sko

Salud y Bienestar #1
Helse og Velvære #1

Activo	Aktiv
Altura	Høyde
Bacterias	Bakterie
Clínica	Klinikk
Doctor	Lege
Farmacia	Apotek
Fractura	Brudd
Hambre	Sult
Hábito	Vane
Hormonas	Hormoner
Huesos	Bein
Medicina	Medisin
Músculos	Muskler
Piel	Hud
Postura	Holdning
Reflejo	Refleks
Relajación	Avslapning
Terapia	Terapi
Tratamiento	Behandling
Virus	Virus

Salud y Bienestar #2
Helse og Velvære #2

Alergia	Allergi
Anatomía	Anatomi
Apetito	Appetitt
Caloría	Kalori
Deshidratación	Dehydrering
Dieta	Diett
Digestión	Fordøyelse
Energía	Energi
Enfermedad	Sykdom
Estrés	Stress
Genética	Genetikk
Higiene	Hygiene
Hospital	Sykehus
Infección	Infeksjon
Masaje	Massasje
Nutrición	Ernæring
Peso	Vekt
Saludable	Sunn
Sangre	Blod
Vitamina	Vitamin

Selva Tropical
Regnskogen

Anfibios	Amfibier
Botánico	Botanisk
Clima	Klima
Comunidad	Samfunnet
Diversidad	Mangfold
Especie	Art
Indígena	Urfolk
Insectos	Insekter
Mamíferos	Pattedyr
Musgo	Mose
Naturaleza	Natur
Nubes	Skyer
Pájaros	Fugler
Preservación	Bevaring
Refugio	Tilflukt
Respeto	Respekt
Restauración	Restaurering
Selva	Jungel
Supervivencia	Overlevelse
Valioso	Verdifull

Suministros de Arte
Kunst Forsyninger

Aceite	Olje
Acrílico	Akryl
Acuarelas	Akvareller
Agua	Vann
Arcilla	Leire
Borrador	Viskelær
Caballete	Staffeli
Carbón	Kull
Cámara	Kamera
Cepillos	Børster
Colores	Farger
Creatividad	Kreativitet
Ideas	Ideer
Lápices	Blyanter
Mesa	Bord
Papel	Papir
Pegamento	Lim
Pinturas	Maling
Silla	Stol
Tinta	Blekk

Tiempo
Tid

Ahora	Nå
Antes	Før
Anual	Årlig
Año	År
Ayer	I Går
Calendario	Kalender
Década	Tiår
Día	Dag
Futuro	Fremtid
Hora	Time
Hoy	I Dag
Mañana	Morgen
Mediodía	Middagstid
Mes	Måned
Minuto	Minutt
Momento	Øyeblikk
Noche	Natt
Reloj	Klokke
Semana	Uke
Siglo	Århundre

Tipos de Cabello
Hårtyper

Blanco	Hvit
Brillante	Skinnende
Calvo	Skallet
Corto	Kort
Delgada	Tynn
Gris	Grå
Grueso	Tykk
Largo	Lang
Marrón	Brun
Negro	Svart
Ondulado	Bølgete
Plata	Sølv
Rizado	Krøllet
Rizos	Krøller
Rubio	Blond
Saludable	Sunn
Seco	Tørr
Suave	Myk
Trenzado	Flettet
Trenzas	Fletter

Universo
Universet

Asteroide	Asteroide
Astronomía	Astronomi
Astrónomo	Astronom
Atmósfera	Atmosfære
Celestial	Himmelsk
Cielo	Himmel
Cósmico	Kosmisk
Ecuador	Ekvator
Galaxia	Galaxy
Hemisferio	Halvkule
Horizonte	Horisont
Latitud	Breddegrad
Longitud	Lengdegrad
Luna	Måne
Oscuridad	Mørke
Órbita	Bane
Solar	Solar
Solsticio	Solverv
Telescopio	Teleskop
Visible	Synlig

Vacaciones #2
Ferie # 2

Aeropuerto	Flyplassen
Carpa	Telt
Destino	Destinasjon
Extranjero	Utlending
Fotos	Bilder
Hotel	Hotell
Isla	Øy
Mapa	Kart
Mar	Hav
Ocio	Fritid
Pasaporte	Pass
Playa	Strand
Reservas	Reservasjoner
Restaurante	Restaurant
Taxi	Taxi
Transporte	Transport
Tren	Tog
Vacaciones	Ferie
Viaje	Reise
Visa	Visum

Vehículos
Kjøretøy

Ambulancia	Ambulanse
Autobús	Buss
Avión	Fly
Balsa	Flåte
Barco	Båt
Bicicleta	Sykkel
Camión	Lastebil
Caravana	Campingvogn
Coche	Bil
Cohete	Rakett
Ferry	Ferje
Furgoneta	Varebil
Helicóptero	Helikopter
Metro	T
Motor	Motor
Neumáticos	Dekk
Submarino	Undervannsbåt
Taxi	Taxi
Tractor	Traktor
Tren	Tog

Verduras
Grønnsaker

Ajo	Hvitløk
Alcachofa	Artisjokk
Apio	Selleri
Berenjena	Aubergine
Brócoli	Brokkoli
Calabaza	Gresskar
Cebolla	Løk
Ensalada	Salat
Espinacas	Spinat
Guisante	Ert
Jengibre	Ingefær
Nabo	Nepe
Oliva	Oliven
Patata	Potet
Pepino	Agurk
Perejil	Persille
Rábano	Reddik
Seta	Sopp
Tomate	Tomat
Zanahoria	Gulrot

Enhorabuena

Lo has conseguido!

Esperamos que hayas disfrutado de este libro tanto como nosotros al diseñarlo. Nos esforzamos por crear libros de la máxima calidad posible.
Esta edición está diseñada para proporcionar un aprendizaje inteligente, de calidad y divertido!

¿Te ha gustado este libro?

Una Petición Sencilla

Estos libros existen gracias a las reseñas que se publican.
¿Podrías ayudarnos dejando una reseña ahora?
Aquí tienes un breve enlace a la página de reseñas

BestBooksActivity.com/Opiniones50

¡DESAFÍO FINAL!

Reto n°1

¿Estás listo para tu juego gratis? Los utilizamos siempre, pero no son tan fáciles de encontrar. ¡Aquí están los **Sinónimos**!

Escribe 5 palabras que hayas encontrado en los rompecabezas (#21, #36, #76) y trata de encontrar 2 sinónimos para cada palabra.

Escriba 5 palabras del *Puzzle 21*

Palabras	Sinónimo 1	Sinónimo 2

Escriba 5 palabras del *Puzzle 36*

Palabras	Sinónimo 1	Sinónimo 2

Escriba 5 palabras del *Puzzle 76*

Palabras	Sinónimo 1	Sinónimo 2

Reto n°2

Ahora que te has calentado, escribe 5 palabras que hayas encontrado en los Puzzles 9, 17 y 25 e intenta encontrar 2 antónimos para cada palabra. ¿Cuántos puedes encontrar en 20 minutos?

Escriba 5 palabras del **Puzzle 9**

Palabras	Antónimo 1	Antónimo 2

Escriba 5 palabras del **Puzzle 17**

Palabras	Antónimo 1	Antónimo 2

Escriba 5 palabras del **Puzzle 25**

Palabras	Antónimo 1	Antónimo 2

Reto n°3

¡Genial! Este desafío final no es nada para ti.

¿Preparado para el reto final? Elige 10 palabras que hayas descubierto en los diferentes rompecabezas y escríbelas a continuación.

1.	6.
2.	7.
3.	8.
4.	9.
5.	10.

Ahora escribe un texto pensando en una persona, un animal o un lugar que te guste.

Puedes usar la última página de este libro como borrador.

Tu Composición:

CUADERNO DE NOTAS :

HASTA PRONTO !

Todo el Equipo

DESCUBRA JUEGOS GRATIS

GO

↓

BESTACTIVITYBOOKS.COM/FREEGAMES